FRANC-MAÇON-NERIE

Ouvrage réalisé par J.B.

Remerciements à Xavier Coadic, à Jacques Thibaud et à ceux qui, par leurs suggestions et leurs corrections, ont apporté leur pierre…

DICTIONNAIRE DE FRANC-MAÇONNERIE

HISTOIRE ET LÉGENDES
SYMBOLIQUE ET RITUELS
FRANCS-MAÇONS CÉLÈBRES

EDL

MYTHES LÉGENDES ET HISTOIRE DE LA FRANC-MAÇONNERIE

Il n'y a jamais eu, et il n'y aura sans doute jamais d'histoire complète de la Franc-Maçonnerie pour la simple raison que son origine se confond avec l'éveil de la conscience humaine. Depuis qu'un événement, terrestre ou céleste, humain ou extraordinaire, est devenu symbolique, que quelques êtres ont regardé dans le même sens et ont communié dans une identique quête d'absolu, l'embryon de ce que nous appelons aujourd'hui la Franc-Maçonnerie était en place.

Cette première démarche annonçait de futures associations d'initiés, car la première révélation se transmit sous forme d'enseignement, de génération en génération, de maître en disciple, d'architecte en compagnon, toujours accru par de nouvelles découvertes. Ce processus fut par la suite nommé Tradition. Cela explique la multiplicité des opinions concernant l'ésotérisme en général et les ordres initiatiques en particulier.

C'est aussi la raison pour laquelle on trouvera toujours un historien découvrant les sources de la Maçonnerie dans l'Antiquité égyptienne, tandis que d'autres les trouveront dans les récits d'Homère, notamment lorsque celui-ci s'écrie : *Heureux les initiés car ils boivent l'eau de Mémoire.* (Odyssée, Chant XI.)

C'est-à-dire heureux ceux qui connaissent et possèdent en eux la Tradition. Si les penseurs grecs furent d'abord initiés dans les temples égyptiens, les prêtres d'Osiris assuraient qu'ils avaient eux-mêmes été enseignés par les survivants de l'Atlantide, selon ce qu'en rapportent Platon et les papyrus des pyramides. Ce furent d'ailleurs les Grecs adorateurs d'Athéna et Hermès, personnification de la Sagesse et de la Connaissance, qui répandirent partout le mythe des Atlantes, initiateurs des premiers prêtres installés sur les rives du Nil.

Pour d'autres historiens, la démarche initiatique qui aboutit à la Maçonnerie était d'origine biblique, mais ce détour par Adam, Moïse puis Hiram ramenait cependant à l'Égypte, mère spirituelle à l'origine de toutes les initiations et but de toutes les Fuites en Égypte, de Joseph à Jésus-Christ. C'est ainsi qu'il est possible et judicieux de considérer que la véritable histoire de la Maçonnerie se confond avec un enseignement dont jamais personne ne pourra donner la véritable date de naissance ni même retrouver l'ensemble des filiations et des influences.

Les ennemis de la Franc-Maçonnerie, et parfois les Maçons eux-mêmes, ont voulu détruire ces origines qu'ils jugeaient inconvenantes, entre les ordres modernes, actuels et les temples des religions antiques.

C'est pourquoi ils mirent en exergue l'adage latin *Vetustas pro lege habetur*, c'est-à-dire "l'ancienneté a force de loi", pour montrer que l'ancienneté de la tradition n'était qu'un leurre, un procédé utilisé par les sociétés initiatiques pour souligner leur sérieux, leur authenticité, et justifier le secret qui voile leurs mystères.

Cette éternité des traditions et sa continuelle présence dans toutes les sociétés humaines expliquent pourquoi il est impossible de fixer des dates précises quant à la création d'une société initiatique. Pourtant, cette absence de preuve, et la continuité du phénomène, plaident pour l'authenticité des groupes d'initiés. Elle n'a pas d'incidence pour ceux qui entreprennent à leur tour le voyage symbolique. Cependant, de nombreux jalons marquent les grandes étapes du parcours spirituel engagé par l'humanité depuis ses origines, qui aboutit à ce que l'on nomme aujourd'hui la Franc-Maçonnerie.

Nous tenterons ici d'en présenter les plus marquants et les plus représentatifs.

LA FRANC-MAÇONNERIE DE L'ÉGYPTE À LA CHEVALERIE

Les différentes maçonneries contemporaines révèrent Hiram (voir sa légende dans le lexique). Il serait à l'origine des grands ordres initiatiques. Sans être un catéchisme, le mythe du fondeur de bronze biblique est cependant devenu le point de départ du chemin menant à la découverte de soi-même, l'image des morts symboliques et des transformations nécessaires.

Du légendaire Hiram découlent pour cette raison la plupart des rituels initiatiques utilisés de nos jours avec plus ou moins de références à Salomon, à son temple et à quelques autres récits bibliques totalement ou partiellement repris selon les obédiences. Cette origine justifie que l'on appelle les Francs-Maçons d'aujourd'hui les *fils de la veuve*, en référence aux enfants spirituels de la déesse Isis, dont l'époux Osiris avait été tué par son frère Seth, ou comme les successeurs de Hiram, lui-même fils de la Veuve Nephtali, dont le nom était en résonance avec Nephtys, la sœur d'Isis.

Symboliquement, le terme *fils de la veuve* montre le rôle de créateur, de gardien et de continuateur dévolu à ceux qui découvrent leur nouvelle Lumière. Ils sont, d'abord en eux-mêmes puis autour d'eux, chargés de faire revivre un monde aride et chaotique, avant d'être les responsables d'un nouveau ciel et d'une nouvelle terre : alors, totalement transformés, ils participent à l'édification d'un temple universel dans lequel règnent l'amour, la paix et l'harmonie mais aussi la Force, la Sagesse et la Beauté.

Hormis l'Égypte, la Grèce et le monde biblique, on ne peut passer sous silence l'influence spirituelle qu'eurent quelques ordres initiatiques de l'Antiquité, qui conservèrent et répandirent avec discernement et rituellement à des adeptes sélectionnés l'enseignement traditionnel qu'ils possédaient.

On les rencontre aussi bien dans la Rome des premiers rois que dans l'Irlande celte.

C'est ainsi que Romulus, premier roi mythique romain, créa l'ordre des *Frères Arvales*, collège initiatique constitué de douze prêtres dévoués à la déesse Cérès. Ce fut le seul groupe de prêtres dont les membres s'appelaient Frères et dont la charge consistait à veiller par des sacrifices à la prospérité terrestre.

Ce collège était dirigé par un Maître du Collège assisté d'un *Promaître* et d'un *Flamine* (prêtre) qui veillait au respect des règles du Collège. Pour les fêtes de Cérès, au mois de mai, avait lieu l'élection rituelle, à bulletin secret, des trois responsables Maître, Promaître et Flamine, ou trois lumières, avant qu'un banquet sacré ne soit servi rituellement dans la grande salle du temple. On notera que ces prêtres romains de Cérès adoraient une divinité représentée sur terre par un épi (ou une gerbe) de blé, suivant le symbolisme personnifié en Grèce par la déesse Déméter.

Ce principe, repris par les Évangiles avec la parabole du grain qui doit mourir pour renaître et prospérer au centuple, est toujours montré aux profanes aspirant à devenir de nouveaux Frères Maçons. Le cabinet de réflexion (voir lexique) leur présente en effet des grains ou un épi, ou parfois de la farine de blé, afin qu'ils méditent sur le cycle physique et spirituel des transformations dans un être se destinant à suivre un chemin initiatique.

De même, il existait chez les Celtes d'Irlande l'ordre de la *Fianna* ou *Ordre de Chevalerie* que présidait le Roi Finn. C'était un groupe à la fois initiatique et guerrier, vivant de chasse et proche de la nature, respectant des règles strictes et une discipline morale préfigurant celle qu'observèrent à leur tour les chevaliers de la Table Ronde du roi Arthur.

De ces sociétés émaneront plus tard certains ordres monastiques, ainsi que les grands Ordres des *Chevaliers du Temple* ou des *Chevaliers Teutoniques*. Les légendes rapportent que les membres disparus de la Fianna, chacun enseveli au sommet d'une colline, renaîtront un jour, tout comme les chevaliers de l'Ordre du Temple injustement suppliciés.

En attendant ce jour, l'âme des Fianna est dans le vent qui souffle sur la plaine d'Irlande. Rien n'interdit de penser que la Maçonnerie du XVIIe siècle n'est pas l'accomplissement de ces prophéties symboliques.

On peut aussi observer que la première loge maçonnique tint ses premières réunions dans une taverne londonienne nommée *Taverne du Pommier* dans laquelle se réunissaient déjà des sociétés initiatiques druidiques telles que le *Druid Order*, qui inspirèrent les auteurs des premiers rituels maçonniques. Cette situation montre combien la tradition druidique était liée et transmise au nouvel ordre qui se constituait alors.

À leur manière plus divertissante et populaire, les romans courtois et chevaleresques participèrent à l'enracinement du principe initiatique et de la spiritualité dans la culture occidentale.

En conséquence, on ne s'étonnera pas que Wolfram von Eschenbach, auteur médiéval (1210) du roman de *Parzival*, débute son œuvre de 25 000 vers par cette phrase aujourd'hui rituellement prononcée par tous les apprentis maçons : *[Je ne suis pas un savant,]* ***je ne sais ni lire ni écrire****…* tandis que les Compagnons constructeurs des cathédrales déclaraient n'avoir que la perfection du travail comme objectif car *Ce que tu fais te fait*, assuraient-ils. Notons que les grands héros, Perceval et Parzival, sont aussi des *fils de la veuve*, ce qui les relie à la Tradition initiatique égyptienne dont la Maçonnerie est l'héritière.

Le Compagnonnage et la Franc-Maçonnerie

Un Point, qui se trouve dans le Cercle,
Qui se trouve dans le carré et dans le Triangle :
Si vous trouvez ce point, vous êtes sauvés, tirés de peine, d'angoisse et de danger.
Aphorisme de sagesse des Compagnons.

La filiation la plus généralement admise par les ordres actuels est celle qui fait découler la Franc-Maçonnerie des loges médiévales de bâtisseurs de cathédrales, monastères et abbayes. C'est ce que professe la *théorie de transition*, qui se réfère au compagnonnage (voir lexique) pour les origines de la Maçonnerie et pour le nom même de celle-ci.

Ces compagnons et architectes, auteurs des chefs-d'œuvre de l'art roman et gothique, donnèrent, sinon toute la symbolique, au moins une partie de celle-ci aux nouveaux adeptes et leur assurèrent une solide assise dans l'expérience terrestre, au point que l'on a pu comparer le compagnonnage et la Franc-Maçonnerie à l'art roman précédant le gothique dans l'édification des monuments religieux chrétiens de l'Europe occidentale. En effet, au Moyen Âge, il existait en Europe des corporations, des guildes, d'abord constituées de moines et d'ecclésiastiques, puis d'artisans et d'ouvriers laïcs, organisées en sociétés hiérarchisées et strictement religieuses.

Ce fut notamment le cas de la plus célèbre d'entre elles, la *Congrégation Hospitalière des Frères Pontifes*, assujettie à la règle (monastique) bénédictine, dont les membres étaient plus particulièrement spécialisés dans la construction de ponts et de routes, mais participaient aussi à la protection des voyageurs, à la manière des soldats du Temple escortant les pèlerins jusqu'en Terre Sainte.

Le siège de cette association se trouvait en Avignon (à partir du XIIe siècle) dont ils construisirent le fameux pont sous la férule de Bénezet, éminent architecte membre des Frères Pontifes.

Nombreux furent les ouvrages d'art construits dans la région par ces frères qui obtinrent du pape Clément III (1189) et des ducs de Toulouse (1203-1237) un grand nombre de franchises. Ces facilités leur permirent d'exercer leur art dans de nombreuses régions de France, outre le Languedoc et la Provence, telles que le Lyonnais, la Bretagne, la Lorraine, l'Auvergne et le Poitou, et différentes villes d'Europe (Prague, Ratisbonne, Lucerne, Dresde) ainsi que dans plusieurs villes italiennes. L'Ordre des Frères Pontifes, bien que rattaché en 1277 aux Frères Hospitaliers de Jérusalem, continua son œuvre opérative jusqu'au milieu du XVIe siècle (Jean de Médicis fut maître de l'Ordre en 1562).

À la tête des associations de Compagnons se trouvait un *Magister*, maître, régissant et organisant les règlements du groupe et chargés de les faire strictement respecter par tous les membres. De par ses motivations et l'objet de son existence, le compagnonnage était nécessairement destiné à devenir multinational et universel comme l'Église qu'il servait en premier lieu.

C'est la raison pour laquelle on pouvait rencontrer ses membres, indépendants des hiérarchies et vassalités, dans toute l'Europe, dans tous les chantiers où ils se savaient indispensables et sans rivaux.

En effet, compagnons tailleurs de pierre, charpentiers, imagiers et maîtres verriers étaient présents partout, s'enseignaient les uns les autres et recueillaient précieusement les derniers développements techniques permettant d'améliorer la manière de travailler, la qualité et la beauté de l'œuvre achevée, trois principes, ou *piliers*, que la Franc-Maçonnerie reprendra dans toute sa symbolique, notamment avec les trois termes tels que Force, Sagesse et Beauté.

D'abord composé de moines, le compagnonnage devint une association d'ouvriers hautement qualifiés, ayant une hiérarchie limitée à deux niveaux, les *apprentis* et les *compagnons*. Les premiers devaient apprendre leur métier pendant sept ans pour espérer devenir compagnon nommé aussi *compagnon fini*.

Contrairement à la Franc-Maçonnerie actuelle, il n'existait pas de grade de maître. Ce titre et ce rôle n'étaient alors appliqués que temporairement par un compagnon fini, nommé provisoirement chef de chantier par ses frères. On observera cependant qu'il ne s'agissait pas d'architectes, ceux-là appartenaient à un autre mode de fonctionnement, et distribuaient les ordres directement aux responsables de chantiers.

Les travaux achevés, le maître élu abandonnait son rôle, *descendait* de son siège et redevenait un simple *compagnon fini* à l'égal de ses frères. Afin d'honorer les services exceptionnels que rendaient ces hommes hautement qualifiés, on prit l'habitude de les appeler *Ouvriers de l'Excellence*, car ils excellaient effectivement dans leur spécialité, les métiers du bois et de la pierre.

En raison des grands travaux concernant tant les constructions religieuses que les édifices civils, le compagnonnage, que l'on peut considérer comme la première organisation du travail, connut un âge d'or qui dura du XIIe au XVe siècle, âge d'or au cours duquel les compagnons furent encouragés et soutenus par les autorités civiles, religieuses et monastiques. C'est la raison pour laquelle on leur accorda de nombreuses franchises, afin qu'ils puissent continuer à exercer en toute sérénité leur art et leur labeur tant appréciés des seigneurs de leur temps. Affranchis de la plupart des pouvoirs, les compagnons obtinrent de se déplacer sans difficulté de chantier en chantier et eurent la sagesse de ne pas abuser de cette liberté de sorte qu'ils conservèrent leurs privilèges durant plusieurs siècles.

C'est ainsi qu'après l'essor des constructions religieuses, ils devinrent les maîtres d'œuvre des constructions templières, car l'Ordre des Chevaliers du Temple fit appel aux compagnons pour l'édification de la plupart de ses fermes fortifiées, de ses châteaux et de ses églises, tant en Europe que dans le Royaume de Jérusalem (à Saint-Jean-d'Acre et à Édesse notamment).

Au-delà des prouesses techniques et des qualités individuelles de ses membres, les ouvriers compagnons se distinguaient par un état d'esprit que l'on ne rencontrait dans aucune autre confrérie.

De nombreux commentaires circulaient sur leur activité, leur attitude déférente les uns envers les autres, qui suscitait l'admiration et parfois aussi la jalousie parmi la population des villes où ils s'installaient temporairement.

Une anecdote témoignant de l'état d'esprit de ces Ouvriers de l'Excellence veut qu'au Moyen Âge, le visiteur du chantier d'une cathédrale en construction passe devant des ouvriers tailleurs de pierre. Il s'arrête auprès du premier et il lui demande ce qu'il fait.

Je gagne ma vie! répond sobrement l'homme sans relever la tête. Le second tailleur de pierre qu'il interroge de la même façon répond sans hésiter : *Je taille une pierre*. À la même interrogation, le troisième répond au visiteur : *Je construis une cathédrale !*

Celui-là était un compagnon.

Réunis à l'origine dans une simple association d'ouvriers des métiers de la pierre et du bois, les Compagnons se firent particulièrement connaître pour la qualité de leurs travaux, le soin moral qu'ils mettaient à toujours vouloir atteindre la perfection.

De plus, ils possédaient des secrets de fabrication et respectaient des rituels précis qui structuraient leur organisation, lui donnaient une âme, une puissance que renforçait encore une solidarité sans faille en toute occasion et en tous lieux.

Cela explique pourquoi l'accès dans cette société ne se faisait qu'après de longues et complexes épreuves exigeant que l'impétrant montre ses qualités morales et professionnelles, indispensables pour devenir un compagnon.

Il devait vivre et travailler en communauté, supporter parfois des conditions de travail et avoir des aptitudes que peu d'ouvriers possédaient au Moyen Âge.

Les compagnons se réunissaient dans des *loges* (aussi appelées *cayennes*) qui n'étaient à l'origine que de petits bâtiments de bois construits dans l'enceinte des chantiers où ils travaillaient. Ils suivaient matin et soir un rituel, fondé sur quelques récits bibliques faisant référence au Temple de Salomon, à Maître Hiram, le fondeur de bronze choisi par le grand roi, mais devenu au Moyen Âge l'architecte même du Temple édifié à Jérusalem.

À ce mythe fondamental s'ajoutaient la légende de Maître Jacques, celle de Maître Soubise, ou celle des Quatre Saints Couronnés (voir lexique), qui assuraient aux compagnons un terreau symbolique et spirituel, philosophique et ésotérique tout à la fois. Chaque compagnon reçu dans l'association était initié suivant des rituels comportant des éléments du mythe originel, des phrases et des gestes symboliques rappelant que l'expérimentation matérielle est le préliminaire obligé de l'expérience spirituelle, mettant ainsi toujours le travail comme premier moteur à toute démarche.

On donna au Compagnonnage le terme générique de *Franc-Maçonnerie*, car ses membres jouissaient de nombreuses franchises, et les maçons bâtisseurs étaient les plus nombreux, exerçant le métier le plus représentatif de leur association.

Depuis l'apparition de la Franc-Maçonnerie moderne, dans le courant du XVIIIe siècle, il est d'usage de préciser maçon *opératif*, du latin *opus* qui signifie œuvre, lorsque l'on entend différencier Compagnons et Maçons, la Franc-Maçonnerie étant elle-même qualifiée de *spéculative*, *philosophique* ou *initiatique*.

Sous cette forme, la Franc-Maçonnerie opérative connut un âge d'or qui dura plusieurs siècles mais, à partir du XVIe siècle, les commandes devinrent moins nombreuses et les loges et ateliers maçonniques opératifs se vidèrent.

C'est la raison pour laquelle, assurent certaines sources, les compagnons firent alors entrer dans leurs loges des profanes possédant de grandes qualités mais n'étant pas ouvriers et n'ayant pas directement de rapports avec le travail manuel. Cette ouverture, que l'on appelle *Franc-Maçonnerie d'Acceptation*, fut une phase de transition qui amena rapidement la Franc-Maçonnerie que nous connaissons.

Les nouveaux venus étaient acceptés dans le Temple des Compagnons, où ils recevaient une initiation simple et avaient le droit de partager les travaux des frères. D'abord initiés apprentis, ils pouvaient un jour accéder au grade de compagnon, second et dernier degré de cette Maçonnerie originelle. Créées en Angleterre, ces premières loges maçonniques comptèrent dans leurs rangs de moins en moins de Maçons opératifs au bénéfice des Acceptés que l'on appela dès lors *spéculatifs*, étymologiquement, ceux qui observent et regardent.

À partir de la fin du XVIIe siècle, certaines loges ne comptaient plus que des Maçons spéculatifs dans leurs rangs.

LES FRÈRES DE LA ROSE-CROIX ET LA FRANC-MAÇONNERIE

Historiquement, on n'a pas réellement établi de liens entre la Franc-Maçonnerie et l'ordre de la Rose-Croix mais, à la manière des ordres anciens, les frères rosicruciens ont laissé de nombreuses traces dans la Maçonnerie moderne. C'est ainsi que les enseignements spirituels et symboliques révélés par Christian Rosencreutz sont encore visibles dans les rituels utilisés de nos jours.

Sur un plan symbolique, il paraît évident qu'un même projet humaniste anima les uns et les autres dès leurs origines respectives. Une même pensée et un même idéal les soutinrent lorsqu'ils furent en butte aux persécutions et aux critiques, venues autant des pouvoirs en place que des hiérarchies religieuses.

Aucun document écrit, aucune lettre donnant patente ne vient étayer la filiation de ces fraternités, quoique certains faits plaident pour leurs parentés.

Depuis les romans de chevalerie, on savait qu'existait, quelque part dans un château d'Europe, un roi du Graal, souverain d'un ordre secret, chargé de dispenser dans le monde une certaine Connaissance. Avec le récit des *Noces Chymiques*, dont le héros était Christian Rosencreutz, premier rosicrucien connu, étaient révélées les différentes étapes initiatiques menant au château de la Connaissance.

Pour ce qui regarde la Franc-Maçonnerie, nombreux sont ceux qui voient en Élias Ashmole, disciple Rose-Croix de Robert Fludd initié dans la Franc-Maçonnerie en 1646, le lien qui réunit, au moins dans la symbolique et certains moments rituels, les deux fraternités initiatiques. En réalité, la Maçonnerie, tout comme la Rose-Croix, avait des origines bien plus anciennes mais, officiellement, c'est Élias Ashmole qui inspira les premiers rituels de la Franc-Maçonnerie spéculative, lorsque la Maçonnerie opérative accepta des non-professionnels dans ses rangs.

Cette jeune Franc-Maçonnerie n'avait aucun lien avec les récits bibliques mais conservait au contraire certaines pratiques druidiques telles que cérémonies, rites particuliers, fêtes solsticiales et équinoxiales.

Après cela naquirent plusieurs loges pour lesquelles le chevalier Ramsay instaura le Rite Écossais, dont les grades supérieurs étaient situés au-delà des trois premiers émanant de la maçonnerie opérative, *apprenti*, *compagnon* et *maître*.

Le premier de ces hauts grades, parfaitement symboliques, fut celui de *Prince Rose-Croix de l'Aigle et du Pélican*, oiseaux symbolisant les deux aspects du Christ.

Quant au symbolisme de la Rose et de la Croix, réunion en soi de tous les éléments du monde, cosmiques et terrestres, il était celui que lui avaient donné les rosicruciens dès l'origine.

Ainsi, la Maçonnerie, née des sources druidiques et des guildes de maçons bâtisseurs, enrichie par l'enseignement et le gnosticisme des Rose-Croix fut-elle le centre d'une union qu'elle ne perçut pas toujours mais qui faisait sa force et assura, souvent malgré elle, sa pérennité.

Quel que soit l'ordre contemporain auquel ils appartiennent, il est certain que les véritables maîtres se reconnaissent toujours sans qu'une distinction physique ou mondaine ne les signale à l'attention publique, à la manière de leurs devanciers, druides, chevaliers du Graal, Templiers et Rose-Croix…

Ainsi seront toujours séparés les souffleurs en quête d'or métallique, et les connaissants accueillant la Lumière dispersée dans le château des *Noces Chymiques*, dans le royaume de Graal et dans le cœur des hommes.

LES DÉBUTS DE LA FRANC-MAÇONNERIE SPÉCULATIVE

Au début du XVIIIe siècle, quelques loges maçonniques anglaises devenues entièrement spéculatives se regroupèrent pour créer la première *Grande Loge de Tous les Temps*.

Cette création eut lieu le 24 juin 1717, au moment du solstice d'été et, pendant cette cérémonie exceptionnelle, Anthony Sayer fut choisi comme Grand Maître. Sous sa nouvelle forme, l'Ordre se donna de nouvelles institutions, fondées sur les anciennes héritées du compagnonnage. Celles-ci furent élaborées par deux pasteurs protestants, Anderson et Désaguliers, dont les ancêtres français avaient fui les dragonnades dont étaient victimes en France les adeptes de la religion réformée.

Le 17 janvier 1723, le texte définitif des Constitutions, dites plus tard *Constitutions d'Anderson*, très différent des Old Charges du compagnonnage, fut approuvé. On y relevait quatre parties : — L'histoire du métier — Les obligations des maçons — Les règlements généraux — Les chants des cérémonies maçonniques. Voici les textes de ces articles :

ARTICLE I

Concernant Dieu et la Religion

Un Maçon est obligé, par sa Tenure, d'obéir à la loi morale et, s'il comprend bien l'Art, il ne sera jamais un Athée stupide ni un Libertin irréligieux. Mais, quoique dans les temps anciens, les Maçons fussent astreints dans chaque pays d'appartenir à la Religion de ce Pays ou de cette Nation, quelle qu'elle fût, il est cependant considéré maintenant comme plus expédient de les soumettre seulement à cette Religion que tous les Hommes acceptent, laissant à chacun son opinion particulière, et qui consiste à être des Hommes bons et loyaux ou Hommes d'Honneur et de probité, quelles que soient les Dénominations ou Croyances qui puissent les distinguer ; ainsi la Maçonnerie devient le Centre d'Union et le Moyen de nouer une véritable amitié parmi des Personnes qui eussent dû demeurer perpétuellement éloignées.

ARTICLE II

Du magistrat civil suprême et subordonné

Un maçon est un paisible Sujet à l'égard des Pouvoirs Civils, en quelque lieu qu'il réside ou travaille, et ne doit jamais être mêlé aux Complots et Conspirations contre la Paix et le Bien-Être de la Nation, ni manquer à ses devoirs envers les Magistrats inférieurs ; car la Maçonnerie a toujours pâti de la Guerre, de l'Effusion de Sang et du Désordre ; aussi les anciens Rois et Princes ont toujours été fort disposés à encourager les Frères, en raison de leur Caractère Pacifique et de leur Loyauté par lesquels ils répondaient en fait aux chicanes de leurs Adversaires et défendaient l'Honneur de la Fraternité qui fut toujours florissante dans les Périodes de Paix.

ARTICLE III

Des Loges

Une Loge est un Lieu où des Maçons s'assemblent pour travailler : d'où le nom de Loge qui est donné à l'Assemblée ou à la Société de Maçons régulièrement organisée, et l'obligation pour chaque frère d'appartenir à l'une d'elles et de se soumettre à ses règlements particuliers ainsi qu'aux règlements généraux. La Loge est soit particulière soit générale, et plus on la fréquente, mieux on la comprend, de même que les Règlements de la Loge générale ou Grande Loge.

Dans les Temps anciens, aucun Maître ou Compagnon ne pouvait s'en absenter, spécialement lorsqu'il y avait été convoqué, sans encourir une sévère censure à moins que le Maître ou les Surveillants (voir lexique) n'aient constaté qu'il en avait été empêché par une impérieuse nécessité.

Les profanes admis comme membres d'une Loge

devaient être des Hommes bons et loyaux, nés libres, ayant l'âge de la maturité d'esprit et de la Prudence. Ils ne pouvaient être ni Serfs, ni immoraux ou scandaleux, mais posséder une bonne renommée et être réputé de bonnes mœurs.

ARTICLE IV

Des Maîtres, Surveillants, Compagnons et Apprentis

Toute promotion parmi les Maîtres Maçons est fondée uniquement sur la Valeur réelle et sur le Mérite personnel ; afin que les Seigneurs puissent être bien servis, que les frères ne soient pas exposés à l'Humiliation et que l'Art Royal ne soit point décrié : pour cela aucun Maître ou Surveillant n'est choisi à l'ancienneté, mais bien pour son Mérite. Il est impossible de dépeindre ces choses par écrit, chaque Frère doit rester à sa propre place et les étudier selon les méthodes particulières de cette Confrérie.

Tout ce que les Candidats peuvent savoir c'est qu'aucun Maître n'a le droit de prendre un Apprenti s'il n'a pas un travail suffisant à lui fournir et s'il n'est pas un Jeune Homme Parfait ne souffrant d'aucune mutilation ou de tare physique qui puisse l'empêcher d'apprendre l'Art et de servir le Seigneur son Maître et de devenir un frère, puis un Compagnon en temps voulu après avoir servi durant le nombre d'années fixé par la coutume du pays ; et s'il n'est issu de parents honnêtes ; cela afin qu'après avoir acquis les qualités requises il puisse parvenir à l'Honneur d'être le Surveillant puis le Maître de la Loge, le Grand Surveillant et, enfin, selon son mérite, le Grand Maître de toutes les Loges.

Nul Frère ne peut être Surveillant avant d'avoir passé le degré de compagnon ; ni Maître avant d'avoir occupé les fonctions de Surveillant ; ni Grand Surveillant avant d'avoir été Maître d'une Loge, ni Grand Maître s'il n'a pas été Compagnon avant son élection. Celui-ci doit être, en outre, de noble naissance ou Gentilhomme de bonnes manières ou quelque Savant éminent ou quelque Architecte distingué ou quelque autre Homme de l'Art d'une honnête ascendance et jouissant d'une grande estime personnelle dans l'opinion des Loges.

Et, afin de pouvoir s'acquitter le plus utilement, le plus aisément et le plus honorablement de son Office, le Grand Maître détient le pouvoir de choisir son propre Député Grand Maître qui doit être alors ou avoir été précédemment le maître d'une Loge particulière et qui a le privilège d'agir comme le ferait le Grand Maître lui-même, son commettant, sauf lorsque ledit Commettant est présent ou qu'il manifeste son autorité par une lettre.

Ces Administrateurs et Gouverneurs, supérieurs et subalternes de la Loge ancienne, doivent être obéis dans leurs fonctions respectives par tous les Frères, conformément aux Anciennes Obligations et Règlements, en toute humilité, Révérence, Amour et Diligence.

ARTICLE V

De la direction du métier pendant le travail

Tous les Maçons travailleront honnêtement pendant les jours ouvrables afin de profiter honorablement des jours de fête ; et l'horaire prescrit par la loi du Pays ou fixé par la coutume sera respecté.

Le Compagnon maçon le plus expert sera choisi ou délégué en qualité de Maître ou de Surintendant des Travaux du Seigneur ; ceux qui travaillent sous ses ordres l'appelleront Maître. Les ouvriers doivent éviter tout langage déplacé, et ne point se donner entre eux des sobriquets désobligeants, mais s'appeler Frère ou Compagnon ; et se conduire avec courtoisie à l'intérieur de la Loge.

Le Maître, confiant en son habileté, entreprendra les Travaux du Seigneur aussi raisonnablement que possible et tirera partie des matériaux comme s'ils étaient à lui, ne donnant à aucun Frère ou Apprenti plus que le salaire qu'il mérite vraiment.

Le Maître et les maçons recevant chacun leur juste salaire seront fidèles au Seigneur et achèveront leur travail consciencieusement, qu'il soit à la tâche ou à la journée ; et ils n'effectueront pas à la tâche l'ouvrage qu'on a l'habitude de faire à temps.

Nul ne se montrera envieux de la prospérité d'un Frère, ni ne le supplantera, ni ne l'écartera de son travail s'il est capable de le mener à bien ; car personne ne peut achever le travail d'autrui, à l'avantage du Seigneur, sans être au courant des projets et conceptions de celui qui l'a commencé.

Quand un Compagnon Maçon est désigné comme Surveillant des travaux sous la conduite du Maître, il sera équitable tant à l'égard du Maître que des Compagnons, surveillera avec soin le travail en l'absence du Maître dans l'intérêt du Seigneur ; et ses frères lui obéiront.

Tous les maçons employés recevront leur salaire uniment, sans murmure ni révolte, et ne quitteront pas le Maître avant l'achèvement du travail.

On instruira un frère plus jeune dans le travail pour que les matériaux ne soient point gâchés par manque d'expérience et pour accroître et consolider l'Amour fraternel.

On n'utilisera dans le travail que les outils approuvés par la Grande Loge.

Aucun manœuvre ne sera employé aux travaux propres à la maçonnerie ; et les Francs-Maçons ne travailleront pas avec ceux qui ne sont pas francs, sauf si nécessité impérieuse ; et ils n'instruiront ni les manœuvres ni les maçons non acceptés, comme ils instruiraient un Frère ou un Compagnon.

DE LA CONDUITE

ARTICLE I

Dans la Loge lorsqu'elle est constituée

Vous ne devez pas réunir de réunions privées, ni de conversations à part sans autorisation du Maître, ni parler de choses inopportunes ou inconvenantes, ni interrompre le Maître, ou les surveillants, ni aucun Frère parlant au Maître ; ne vous conduisez pas non plus de manière ridicule ou bouffonne quand la Loge traite de choses sérieuses et solennelles, et sous aucun prétexte n'usez d'un langage malséant ; mais manifestez à votre Maître, à vos Surveillants et à vos Compagnons la déférence qui leur est due et entourez-les de respect.

Si quelque plainte est déposée, le Frère reconnu coupable s'inclinera devant le jugement et la décision de la Loge, qui est le seul juge compétent pour tous ces différents (sous réserve d'appel de la Grande Loge), et c'est à elle qu'il doit être déféré, à moins que le travail d'un Seigneur ne risque d'en souffrir. Dans ce cas, il sera possible de recourir à une procédure particulière, mais les affaires maçonniques ne doivent jamais être portées en justice, à moins d'absolue nécessité dûment constatée par la Loge.

Article II

Conduite après la fermeture de la Loge et avant le départ des Frères

Vous pouvez jouir d'innocents plaisirs, vous traitant réciproquement suivant vos moyens, mais en évitant tout excès et en n'incitant pas un Frère à manger ou à boire plus qu'il n'en a envie, en ne le retenant pas lorsque ses affaires l'appellent, en ne faisant et en ne disant rien d'offensant ou qui puisse interdire une conversation aisée et libre ; car cela détruirait notre harmonie, et ruinerait nos louables desseins. C'est pourquoi aucune brouille ni querelle privée ne doit passer le seuil de la Loge, et moins encore quelque querelle à propos de la religion, des nations ou de la politique car comme Maçons nous sommes seulement de la religion Catholique mentionnée ci-dessus, nous sommes aussi de toutes nations, idiomes, race ou langage et sommes résolument contre toute politique comme n'ayant jamais contribué et ne pouvant jamais contribuer au bien-être de la Loge. Cette obligation a toujours été strictement prescrite et respectée ; surtout depuis la Réforme en Grande-Bretagne, ou la séparation et la sécession de ces nations de la Communion de Rome.

ARTICLE III

Conduite quand des Frères se rencontrent sans présence étrangère mais hors d'une Loge Constituée

Vous devez vous saluer réciproquement de manière courtoise, comme on vous l'enseignera, vous appelant mutuellement Frère, échangeant librement les instructions que vous jugerez utiles, sans être vus ni entendus, sans prendre le pas l'un sur l'autre, ni manquer aux marques de respect qui seraient dues à un Frère s'il n'était pas maçon car, quoique les maçons en tant que Frères soient tous sur un pied d'Égalité, la Maçonnerie, ne prive pas un homme des honneurs auxquels il avait droit auparavant ; bien au contraire, elle ajoute à ces honneurs, spécialement lorsqu'il a bien mérité de la Fraternité, qui se plaît à honorer ceux qui le méritent et à proscrire les mauvaises manières.

ARTICLE IV

Conduite en présence d'étrangers non Maçons

Vous serez circonspects dans vos propos et dans votre comportement, pour que l'étranger le plus perspicace ne puisse découvrir ni deviner ce qu'il ne doit pas connaître, et vous aurez parfois à détourner la conversation et à la conduire prudemment pour l'Honneur de la Vénérable Fraternité.

ARTICLE V

Conduite chez vous et dans votre entourage

Vous devez agir comme il convient à un homme sage et de bonnes mœurs ; en particulier n'entretenez pas votre famille, vos amis et voisins des affaires de la Loge, mais soyez particulièrement soucieux de votre propre Honneur, et de celui de l'Ancienne Fraternité, ceci pour des raisons qui n'ont pas à être énoncées ici. Ménagez aussi votre santé en ne restant pas trop tard ensemble ou trop longtemps dehors, après les heures de réunion des Loges, et en évitant les excès de chair ou de boisson, afin que vos familles ne souffrent ni désaffection ni dommage, et que vous-même ne perdiez pas votre capacité de travail.

ARTICLE VI

Conduite envers un Frère étranger

Vous devez l'éprouver consciencieusement de la manière que la prudence vous inspirera, afin de ne pas vous en laisser imposer par un imposteur ignorant, que vous devez repousser avec mépris et dérision, en vous gardant de lui dévoiler la moindre connaissance.

Mais, si vous le reconnaissez comme un Frère authentique et sincère, vous devez lui prodiguer le respect qu'il mérite ; et s'il est dans le besoin, vous devez le secourir si vous le pouvez, ou lui indiquer comment il peut être secouru ; vous devez l'employer pendant quelques jours ou le recommander pour qu'on l'emploie.

Vous n'êtes pas obligé de faire plus que vos moyens ne vous le permettent mais seulement dans des circonstances identiques, de donner la préférence à un Frère pauvre, qui est un homme bon et honnête, avant toute autre personne dans le besoin.

Enfin, toutes ces Obligations doivent être observées par vous, de même que celles qui vous seront communiquées d'autre manière ; cultivez l'Amour Fraternel, fondement et clé de voûte, ciment et gloire de cette ancienne fraternité, repoussez toute dispute et querelle, toute calomnie et médisance, ne permettez pas qu'un Frère honnête soit calomnié, mais défendez sa réputation, et fournissez-lui tous les services que vous pourrez, pour autant que cela soit compatible avec votre Honneur et votre sûreté, et pas au-delà.

Et si l'un d'eux vous fait tort, vous devez recourir à votre propre Loge ou à la sienne, ensuite vous pourrez en appeler à la Grande Loge en Assemblée trimestrielle, et ensuite à la Grande Loge annuelle, selon l'ancienne et louable coutume de nos ancêtres dans chaque nation ; n'ayez jamais recours à un procès en justice sinon quand l'affaire ne peut pas être tranchée autrement, et écoutez patiemment les conseils du maître et des Compagnons lorsqu'ils veulent vous éviter de comparaître en justice avec des profanes ou vous inciter à mettre un terme rapide à toutes vos procédures, ceci afin que vous puissiez vous occuper des affaires de la Maçonnerie avec plus d'alacrité et de succès ; mais en ce qui concerne les Frères ou Compagnons en procès, le Maître et les Frères doivent offrir bénévolement leur médiation, à laquelle les Frères en opposition doivent se soumettre avec gratitude ; et si cet arbitrage s'avère impraticable, ils doivent alors poursuivre leur procès ou procédure légale, sans aigreur ni rancune (contrairement à l'ordinaire) en ne disant et en ne faisant rien qui puisse altérer l'Amour fraternel, et les bonnes relations doivent être renouées et poursuivies ; afin que tous puissent constater l'influence bienfaisante de la Maçonnerie, ainsi que tous les vrais Maçons l'ont fait depuis le commencement du monde et le feront jusqu'à la fin des Temps.

Amen, ainsi soit-il !

ORIGNES DE LA FRANÇ-MAÇONNERIE FRANÇAISE

En 1649, Henriette d'Angleterre, fille de Henri IV et de Marie de Médicis, veuve du roi Charles Ier, accepte l'hospitalité du jeune Louis XIV et réside à Saint-Germain-en-Laye. Avec elle s'installent de nombreux officiers Francs-Maçons, spéculatifs, appartenant à sa garde écossaise et irlandaise.

Ce sont eux qui auraient créé la première loge maçonnique en France. En 1688, Jacques II Stuart, catholique battu par son gendre protestant Guillaume d'Orange, s'exilant lui aussi dans la ville de Saint-Germain, organise, dans les mêmes conditions, une loge fortement politique recrutant aussi chez les habitants de la ville. À la fin du XVIIe siècle, d'autres loges se créent et s'organisent en France, soit par des Stuartistes écossais ou irlandais en exil, soit par mandement de la *Grande Loge d'Angleterre*.

La première *Grande Loge* française voit le jour en 1728. Elle crée ses propres règlements généraux. Dépendant de la Grande Loge anglaise, elle élit le *Très Haut et Très Puissant* Prince Philippe de Wharton pour Grand Maître ; il a été, auparavant, Grand Maître de la Grande Loge de Londres. Ce poste est tenu pendant plusieurs années par des

Britanniques, jusqu'à l'accession à la Grande Maîtrise du Duc d'Antin, en 1738. À sa mort, en 1743, on compte déjà 200 Loges en France, dont 22 à Paris et c'est le Comte de Clermont qui est élu pour lui succéder.

Ce personnage a laissé une forte empreinte dans l'histoire de la maçonnerie française, bien qu'elle n'ait pas toujours été glorieuse pour l'Ordre maçonnique. Le Comte de Clermont, pourvu de plusieurs abbayes, est un jouisseur notoire, amoureux impénitent de femmes et de fêtes. Aussi délaisse-t-il souvent ses devoirs maçonniques pour les confier à des amis, nommés *substituts particuliers*, dont le plus célèbre fut Lacorne, maître-à-danser de son état. Débordements en tout genre et scissions diverses amènent la police, en 1767, à dissoudre cette Franc-Maçonnerie par trop singulière.

La mise en sommeil dure six ans et amène la création d'une obédience forte, nommée *Grand Orient* en 1773. L'ensemble des Loges maçonniques réunies en *Grande Loge Nationale* crée cette nouvelle obédience maçonnique dont le nouveau Grand Maître est le duc de Chartres, tandis que l'ancienne Grande Loge, dont tous les ateliers ont continué leur activité prend le nom de *Grande Loge de Clermont*, en souvenir du comte mort en 1771.

Pendant toutes les années précédant la Révolution, la Franc-Maçonnerie connaît une extension croissante, et l'on ne compte pas moins de 40000 membres en 1789, qui se répartissent plutôt dans l'aristocratie et les hautes classes de la société.

La Franc-Maçonnerie se veut alors élitiste, certaines Loges allant même jusqu'à interdire leur accès aux travailleurs manuels. Contrairement à ce que prétend l'abbé Barruel, il n'y a pas de dessein maçonnique révolutionnaire, excepté en quelques cercles très limités, et jamais les Francs-Maçons ne voulurent ou réclamèrent la Révolution française.

Ce qui n'empêche pas certains Maçons d'avancer des idées et des principes que reprirent à leur compte, parfois longtemps après, les révolutionnaires. La Terreur déclenchée par Robespierre cause la disparition d'un grand nombre de Frères, victimes de la guillotine, une invention… du frère Guillotin, destinée à soulager les souffrances des condamnés. Toutes les loges cessent leurs activités maçonniques en 1793, victimes entre autres de la loi Le Chapelier, interdisant les associations.

Le rôle de la Maçonnerie pendant la Révolution reste, néanmoins, sujet à polémiques. Il est vrai que deux Francs-Maçons notoires, le duc d'Orléans, qui était Grand Maître, et l'un de ses adjoints, le marquis de La Fayette, jouèrent un rôle important au début de la période révolutionnaire ; de là à prétendre qu'il y eut complot serait trop s'avancer. Le duc d'Orléans, volontiers conspirateur, n'avait que des ambitions personnelles (il voulait s'asseoir sur le trône de son cousin Louis XVI, qu'il jugeait indigne de la fonction royale) et ne poursuivait aucun grand dessein maçonnique. Il fut d'ailleurs rejeté et par les Francs-Maçons et par les Révolutionnaires, qui l'envoyèrent à l'échafaud après que son fils, futur Louis-Philippe, eut déserté, en 1793, les armées républicaines.

Il est vrai aussi que nombre de Révolutionnaires de premier plan, des Girondins aux Montagnards, étaient des Frères : Marat, Talleyrand, Mirabeau, Grouchy, Sieyès, Brissot, Desmoulins, Danton, Hébert… et que les clubs révolutionnaires calquèrent leur structure sur celle des Loges. La Déclaration des Droits de l'Homme est d'inspiration maçonnique. C'est le seul apport tangible des Loges à la Révolution. Le Directoire, d'où allaient jaillir le Consulat et l'Empire (qui ne remettra pas en cause les acquis révolutionnaires), comptait des Francs-Maçons parmi ses membres les plus influents. Mais sous la Terreur, leur appartenance à la Franc-Maçonnerie n'évita pas l'échafaud aux Frères opposés à Robespierre. S'il y avait eu complot maçonnique, les Frères se seraient davantage "ménagés" entre eux.

Le 21 mai 1799, les survivants de la grande Loge de Clermont et du Grand Orient se réunissent et fusionnent dans une nouvelle obédience qui prend le nom de *Grand Orient de France*. Napoléon favorise cette Franc-Maçonnerie et sait la diriger indirectement en plaçant à sa tête son frère Joseph Bonaparte. Mais il la met sous tutelle sans pour autant s'inspirer de ses idéaux : la Déclaration des droits de l'homme ne se retrouve guère dans le Code civil, l'esclavage est rétabli, pour des raisons économiques…

En quinze ans, le Grand Orient de France voit le nombre de ses ateliers s'accroître de façon phénoménale et passer de trois cents à douze cents loges.

Au XVIIIe siècle, on a retrouvé les pseudo-origines templières (Ramsay, voir lexique), destinées à établir certains hauts grades, tandis qu'au XIXe siècle, quelques Maçons ésotéristes cherchent dans des mouvements gnostiques d'autres origines.

On peut, dans ce dernier cas, évoquer plus particulièrement la Franc-Maçonnerie de Rite Égyptien. Cette dernière se fonde sur des textes trouvés au Caire, lors de l'expédition d'Égypte organisée par Bonaparte. L'obédience Memphis-Misraïm continue de nos jours à étudier ce rituel égyptien, initialement impulsé par Cagliostro.

Louis XVIII (Franc-Maçon comme Charles X, son frère), ramène dans ses fourgons nombre d'émigrés, ivres de rancœur, persuadés que la Franc-Maçonnerie a été le bras de Napoléon Ier. Pendant trois ans, les Francs-Maçons, très surveillés, doivent se réunir dans une semi-clandestinité. Le réveil se fait par l'intermédiaire du duc Decazes (lui-même Franc-Maçon) qui, le 11 octobre 1818 envoie aux préfets une circulaire autorisant les réunions maçonniques. C'est le seul acte d'officialisation de l'Ordre. Il va rester en vigueur jusqu'en 1901.

En évoluant, la Maçonnerie du XIXe siècle va se montrer bien différente de celle de l'Ancien Régime. Elle reste cependant fidèle aux monarques Louis XVIII, Charles X et Louis-Philippe, mais le recrutement ne se fait plus uniquement dans les classes aisées ou aristocratiques de la société.

En 1877 éclate une crise violente entre l'Église et la Franc-Maçonnerie. Condamnés à maintes reprises par le Vatican qui leur reproche leurs secrets (voir lexique), les Francs-Maçons du Grand Orient renoncent à tout caractère religieux.

Le Convent du Grand Orient affirme en effet que l'invocation au Grand Architecte de l'Univers, n'est pas obligatoire, ainsi que la présence de la Bible sur l'autel. Contrairement à ce que l'on a souvent dit, ce n'est pas une déclaration forcenée d'athéisme, mais plutôt l'expression de la libre-pensée maçonnique, de la liberté absolue de conscience qui ne doit ni ne veut subir aucune contrainte dogmatique.

Après ces déclarations, la Grande Loge Unie d'Angleterre cesse immédiatement toutes ses relations avec le Grand Orient et ce dernier voit s'opérer des scissions en son sein. En 1894, la Grande Loge de France est créée, puis, en 1913, la Grande Loge Nationale Française.

La Franc-Maçonnerie féminine

Par ses origines monastiques et ouvrières, et ses traditions héritées des constructeurs du Moyen Âge, la Franc-Maçonnerie primitive était naturellement masculine et opérative. Devenue spéculative et constituée de membres issus de l'aristocratie et de la bourgeoisie, elle perpétua sa spécificité masculine sans faire aucune référence aux grands mouvements initiatiques mixtes ou féminins qui animaient la vie spirituelle de l'Antiquité où les collèges de prêtresses étaient partout présents.

On les rencontrait en Égypte et en Grèce, à Rome et dans les pays Celtes, Nordiques et Germaniques, où les femmes étaient les grandes initiatrices des guerriers et des prêtres.

Les Walkyries d'Odin, les déesses Blanches Celtes, les Banshees, les Vestales Romaines puis les fées, reines et princesses de l'Amour chevaleresque et courtois furent autant d'initiatrices dont les hommes dépendaient pour leur cycle de vie terrestre comme pour leur séjour dans le monde terrifiant de l'au-delà.

Uniquement dévouées aux cultes des dieux, ces femmes ne participaient que de loin à la vie active et n'avaient que peu de rapport avec le monde laborieux tel que celui organisé par le compagnonnage. C'est la raison pour laquelle il était assez naturel qu'elles n'aient pas été présentes au début des mouvements maçonniques du XVIIIe siècle.

On remarquera cependant que, dans les villes où séjournaient les compagnons, une maison d'accueil, tenue par une Mère respectée de tous, montrait le rôle éminent tenu par quelques femmes dont le portrait se trouve parfois reproduit dans l'immuable beauté des figures de pierre de l'art religieux. Telle sainte accueillant d'un sourire les fidèles dans une église du XIIe ou du XIIIe siècle, n'est autre que l'image d'une de ces *Mères*, si chères au cœur des compagnons, qu'immortalisa un maître sculpteur.

Ce n'est qu'avec la Maçonnerie spéculative et l'abandon de tout travail physique et manuel que naquirent les premières discussions concernant l'admission des femmes dans les Loges d'initiés. À l'inverse du pasteur Anderson et des Loges anglaises, hostiles jusqu'au XXe siècle à leur entrée, les Maçons français tinrent compte de l'émancipation féminine qui apparaissait dans toute l'Europe occidentale.

Le premier Maçon à souhaiter la création de loges féminines fut le Chevalier de Beauchêne qui, en 1744, voulut faire adopter par son Ordre la création de telles loges, organisées selon quatre degrés initiatiques proposant les grades d'Apprentie, de Compagnonne, de Maîtresse et de Maîtresse Parfaite.

C'est ainsi que le Grand Orient de France, en 1774, fut le premier à reconnaître les groupes féminins constitués en *Loges Acceptées*, ce qui n'était encore que l'embryon d'une émancipation puisque ces Loges étaient considérées comme dépendantes des Loges masculines. Rechercher la Vérité, vouloir l'émancipation des êtres humains, se libérer des dogmatismes et élargir les champs de conscience afin de construire le temple spirituel de l'humanité sont des idéaux qu'hommes et femmes peuvent partager.

Quelque dix-huit siècles après leur disparition, les groupes de Maçons et de Maçonnes remirent à l'honneur les collèges mixtes d'initiés célébrant les mêmes mystères, comme au temps où Platon et son épouse recevaient en Égypte la Lumière au temple (*Maison de Vie*) de Rê à Héliopolis. L'un des apports de *La Flûte enchantée* de Mozart fut de montrer Pamina, fille de la Reine de la Nuit, et le prince Tamino emprunter le même chemin et se diriger ensemble vers le temple où Zarastro les accueille et les initie.

À l'origine, les *Loges d'Adoption* étaient surtout constituées par les épouses et parentes de Francs-Maçons initiés qui supervisaient peu ou prou les nouvelles Loges. C'est ainsi que l'épouse et la sœur du duc de Chartres furent initiées, comme le fut la duchesse de Bourbon rapidement élue Grande Maîitresse des Loges d'Adoption avant que la princesse de Lamballe ne lui succède. Ces *Loges d'Adoption* n'utilisaient pas une symbolique identique à celle qui animait les Loges masculines, encore marquées par la Maçonnerie opérative. Le temple des sœurs Maçonnes s'appelait un *Climat*, tandis que ses quatre côtés étaient nommés *Régions* et qu'on y voyait briller une étoile flamboyante aux pointes inversée à la place du Delta lumineux habituellement présent dans les temples maçonniques.

La première obédience maçonnique mixte fut créée en 1894 par Marie Deraisme, elle-même initiée en 1882 dans la *Loge des Libres Penseurs du Pecq*. Bien qu'ayant choisi d'observer le rite écossais, le *Droit Humain* se trouvait assez proche du *Grand Orient de France* et de nombreux frères appartinrent aux deux obédiences, selon un fonctionnement toujours visible de nos jours.

Il fallut cependant attendre 1952 pour que naisse la *Grande Loge Féminine de France*, proche de la *Grande Loge de France*, laquelle rétablit en 1953 la présence obligatoire de la Bible dans les Loges de son obédience. Bientôt dotées d'ateliers supérieurs, les obédiences féminines initièrent leurs adeptes jusqu'au trente-troisième degré. Madame Blavatsky et Annie Besant, par ailleurs membres éminents de la *Société Théosophique*, furent les premières sœurs à recevoir cette initiation.

Les origines historiques de la Franc-Maçonnerie anglaise

Pour le public un Franc-Maçon
Sera toujours un vrai problème,
Qu'il ne saurait résoudre à fond,
Qu'en devenant Maçon lui-même.
Quatrain du XVIIIe siècle.

Pour ce qui concerne l'Angleterre, la théorie dite de *transition*, faisant remonter la Franc-Maçonnerie au compagnonnage ne correspond pas réellement à la réalité car le compagnonnage (et non pas les corporations) n'a existé que très tardivement en Grande Bretagne et n'a compté dans ses rangs qu'une minorité d'ouvriers. Généralement, on considère que cette société ouvrière est surtout typique de l'Europe continentale, notamment en France et en Allemagne, où elle s'épanouit tout particulièrement. De plus, pour l'Angleterre, le compagnonnage ne s'est organisé qu'au tout début du XVIe siècle, c'est-à-dire dans un temps où les grands chantiers européens touchaient à leur fin.

Après le trop célèbre et terrible incendie de Londres, en 1666, de nombreux compagnons français allèrent travailler dans la capitale anglaise.

Cependant, ils n'eurent pas assez de rapports avec les Britanniques, ni d'importance sociale suffisante pour créer un nouvel Ordre Maçonnique, puisqu'il en existait déjà un, si l'on tient compte de la chronologie officielle.

On peut conclure sur ce premier point que le compagnonnage n'a pas existé en Angleterre avant le XVIIe siècle et qu'il n'a donc pas pu être à l'origine d'un ordre qui aurait repris son symbolisme tout en travaillant à des buts différents.

Une autre théorie, plus répandue, fait naître la Franc-Maçonnerie en Écosse. Ce pays possédait un compagnonnage au sens où nous l'entendons aujourd'hui, c'est-à-dire une association d'ouvriers *francs* pouvant se déplacer librement et n'étant pas écrasés par un carcan corporatif.

Ce compagnonnage particulier aurait pu être à l'origine de la Franc-Maçonnerie spéculative anglaise du début du XVIIIe siècle. Le compagnonnage se serait ainsi organisé en Écosse sous l'impulsion d'un officier de la Couronne écossaise, nommé William Schaw (voir lexique) qui occupait la fonction de surveillant général des maçons et intendant des bâtiments du Roi.

Il rédigea une série de règlements, organisant ainsi le métier de maçon en Écosse. Ces règlements se nommaient les *Statuts Schaw*. L'un des intérêts de cette réglementation tout à fait originale était d'organiser sur l'ensemble du territoire écossais un réseau de loges dont le fonctionnement était bien défini et qui avaient, notamment, le droit de conférer deux grades aux ouvriers.

Ceux-ci étaient soit un *Entered-Apprentice*, ou Apprenti-Entré, soit un *Fellowcraft*, ou Compagnon de métier. L'apprenti devait rester sept ans chez un maître, lui-même compagnon installé dans une ville, qui pouvait embaucher et qui faisait partie de la guilde des maîtres, avant de devenir compagnon.

À ce stade, et après plusieurs autres années de métier, le Compagnon quittait la loge et s'installait pour un fonctionnement professionnel et social identique. Par la suite, il pouvait appartenir au monde fermé des maîtres de son métier, ceux-là mêmes qui régissaient les Loges.

Les Loges créées selon les *Statuts Schaw* possédaient un statut juridique permanent et se dotaient d'une personnalité morale n'ayant aucune entrave de la part des pouvoirs civils et religieux. Cette nouvelle organisation et gestion du monde ouvrier, comprenant à l'origine les métiers de la pierre et du bois (tailleurs de pierre, charpentiers) était novatrice et particulière à l'Écosse.

Le caractère exceptionnel de cette nouvelle structure attira un certain nombre de personnes intéressées par l'évolution de la société et par les mouvements hermétiques, tentant de relier l'expérience physique et la Connaissance spirituelle. C'est ainsi qu'exceptionnellement, un certain Robert Moray et quelques personnalités proches des mouvements néo-platoniciens furent admis à visiter les loges d'ouvriers d'ordinaire interdites à toute personne extérieure.

Le petit univers discret et serein des loges leur parut être un asile de paix, dont bien des penseurs de l'époque rêvaient, propice à la méditation, parfaitement isolé des turpitudes de la société troublée du XVIIe siècle.

Ainsi, ce serait du pays de Walter Scott, et non de celui de Conan Doyle, que proviendrait la Franc-Maçonnerie. Pourtant, le seul fait d'initier et d'accepter quelques nobles et bourgeois ne signe pas réellement la naissance de la Franc-Maçonnerie anglaise, malgré la théorie de l'acceptation.

Il faut plutôt voir l'origine de cette société secrète au travers des convulsions politiques et religieuses ayant transformé le Royaume-Uni au cours des XVIIe et XVIIIe siècles, lorsque les guerres civiles et religieuses, puis l'intolérance de Charles Ier et de Cromwell, déchirèrent l'Angleterre. Dans ce contexte, il est naturel que des groupes de personnes éclairées aient voulu organiser une société dans laquelle se regrouperaient des *hommes libres et de bonnes mœurs*, loin des dissensions politiques. Horrifiés par les ravages sanglants des guerres, ils ne voulaient à aucun prix entrer *dans les complots et conspirations contraires à la paix.* Ce projet politique mais aussi philosophique s'accordait aux mouvements hermétiques qui depuis la Renaissance inspiraient de nombreux penseurs, laïcs et religieux, en quête d'une sagesse spirituelle, morale et politique, apparemment disparue.

Dans les textes de l'Antiquité, ils crurent retrouver des préceptes plus adaptés à leur situation que ne l'étaient les préceptes moraux et philosophies de leur temps. Rabelais et son *abbaye de Thélème*, Campanella et sa *Cité du soleil*, Francis Bacon et sa *Nova Atlantis*, ainsi que Thomas More et son *Utopia*, furent quelques-uns des penseurs réformateurs et idéalistes d'une société en déclin, à la veille de profonds bouleversements.

On peut encore citer les récits ésotériques attribués à Christian Rosencreutz (fondateur mythique de la Rose-Croix), ceux de Cornélius Agrippa, Jacob Boehme, Robert Fludd, John Dee et du docteur Paracelse, qui contribuèrent à ce mouvement intellectuel, hermétiste, qui se propagea en secret dans toute l'Europe.

Cette diffusion se fit malgré l'Église qui, forte de son dogmatisme et de ses vérités, régentait la vie spirituelle et morale de la société et celle des particuliers, mais s'isolait elle-même des forces vives et novatrices de son temps.

La Franc-Maçonnerie anglaise se développa donc autour de ces thèmes dans le Royaume-Uni. Les bases solides et pratiques des loges d'ouvriers dotées des *Statuts Schaw*, servant de modèle à ces lieux destinés à la recherche spirituelle, dans lesquels régnaient la concorde et la paix.

L'union entre l'Angleterre et l'Écosse, en 1707, constitue le chaînon manquant pour les historiens de la Maçonnerie, car le Compagnonnage ne servit que d'exemple et de base pratique pour la constitution des structures et des symboles de la Franc-Maçonnerie naissante.

Cette dernière résultait en fait de la réunion de différents courants de pensée et était composée de membres nourris d'hermétisme, et de membres ayant une vocation plus politique. Tous cependant formaient un ensemble qui dépassait la simple évolution transformant le compagnonnage maçonnique spéculatif en Franc-Maçonnerie opérative.

Bien qu'utilisant les outils et symboles du compagnonnage, les Francs-Maçons s'éloignaient des maîtres ouvriers pour s'enraciner dans le terreau symbolique et traditionnel que certains nomment encore ésotérisme (connaissance et langage cachés ou intérieurs) ou plus poétiquement *langue des oiseaux* ou *Gai Savoir*.

Sitôt associés et structurés, les premiers groupes de Frères eurent comme première tâche de réformer les rituels du mouvement ouvrier et d'adapter de nouveaux règlements plus propices au caractère philosophique et politique (dans son sens premier de *polis*, la ville, la société), ce qui se fit en 1717 avec les constitutions d'Anderson et de Désaguliers.

On peut ainsi conclure que la Franc-Maçonnerie anglaise, à l'inverse de la Franc-Maçonnerie française, fut très peu liée au compagnonnage et que les Francs-Maçons se servirent plutôt des structures compagnonniques que de l'enseignement symbolique de celles-là.

Malgré l'affirmation de récits légendaires ou romantiques, développés par chaque obédience au fil des siècles, les *Free Masons*, Francs-Maçons, n'ont pas eu de réelles racines opératives. C'est pourquoi certaines obédiences ont pu se référer uniquement à l'Égypte antique, d'autres aux Templiers, et d'autres encore s'enraciner sur le message christique, notamment l'Évangile de Jean, comme le montre tout spécialement le *Rite Écossais Rectifié*.

Quoi qu'il en soit de cette polémique qui ne s'éteindra sans doute jamais, s'il y eut de nombreux mouvements maçonniques différents, par leurs rituels et leurs structures, s'il y eut aussi de nombreuses querelles et scissions, rendant difficile toute référence absolue, on peut observer qu'il existe cependant un tronc historique commun et une base symbolique commune reliant toutes ces Maçonneries qui est la Tradition. On en conclura qu'il n'existe pas une seule Maçonnerie, mais plusieurs, ayant pour idéal la recherche de la Vérité, de la Justice et de l'épanouissement individuel des hommes.

Ce qui est son but essentiel, au-delà des différences temporelles.

Selon la théorie philosophique et symbolique du Maçon allemand Jacobus Theobald (1841-1925), le fait que la Maçonnerie spéculative se soit greffée sur le compagnonnage alors que celui-ci voyait sa raison d'être perdre de son importance montre qu'il en sera de même pour l'actuel mouvement maçonnique qui devra à son tour céder la place à un nouveau type de société initiatique qui permettra encore à des chercheurs de vérité de s'unir à la conscience du monde.

Les critiques selon lesquelles les Franc-Maçonneries modernes ne seraient plus que des coquilles vides ne sont donc pas réellement recevables puisque les Loges conservent précieusement, presque pieusement, l'ensemble des outils et symboles que leur ont confié jadis leurs pères.

C'est pourquoi, concluait Jacobus Theobald, après avoir été opérative et symbolique, la Franc-Maçonnerie sera très certainement spirituelle lors de sa dernière manifestation terrestre. Elle aura alors acquis sa véritable maîtrise.

LA FRANC-MAÇONNERIE ET LA RELIGION CHRÉTIENNE, LES INTERDITS ET LES PERSÉCUTIONS

Les chapitres précédents, consacrés aux origines et à la naissance de la Franc-Maçonnerie spéculative, ont rappelé qu'à son début et pendant près de deux siècles, la Maçonnerie n'a jamais prêché, ni la révolution, ni l'athéisme, et encore moins l'anticléricalisme. Non seulement on considérait qu'un bon Maçon devait révérer la religion mais encore, pendant longtemps, il fallait être baptisé pour avoir la possibilité d'être initié dans une loge maçonnique.

Participant aux fêtes de l'Église comme au temps des constructions des cathédrales, les Francs-Maçons comptaient de nombreux ecclésiastiques de hauts niveaux dans leurs rangs, d'autant plus à l'aise que certains rituels étaient entièrement composés à partir de la Bible et des Évangiles, notamment celui de saint Jean et de son prologue (versets 1 à 6) apparemment issu de la pensée gnostique et hermétiste :
Au commencement était le Verbe, et le Verbe était tourné vers Dieu, et le Verbe était Dieu.
Il était au commencement tourné vers Dieu.
Tout fut par lui, et rien de ce qui fut ne fut sans lui.

En lui était la vie et la lumière des hommes,
Et la lumière brille dans les ténèbres et les ténèbres ne l'ont pas comprise.

Non seulement des saints patronnaient certaines Loges, mais encore il n'était pas nécessaire de subir les enquêtes préliminaires à l'initiation lorsque l'on était ecclésiastique. Cela n'empêcha pas le pape Clément XII de condamner la Franc-Maçonnerie en la qualifiant de “nouveauté perverse” (*pravae novitates*) dans une bulle datée de 1738.

Dans ses attendus, Clément XII déclare notamment que : *La rumeur publique Nous a appris que certaines sociétés appelées communément Libres ou Massons se développent de jour en jour. Des hommes, sous le couvert d'une sorte d'honnêteté naturelle, s'associent par un pacte aussi strict qu'impraticable, selon des lois et des statuts, qu'ils ont eux-mêmes élaborés ; en même temps, ils agissent en secret et soit sous serment juré sur la Sainte Bible, soit sous la menace de graves sanctions, ils s'astreignent à couvrir leurs actions par un silence inviolable. Mais la nature même de ce crime est telle qu'elle se trahit elle-même... S'ils ne faisaient rien de mal, ils n'auraient certainement pas une si grande haine de la lumière.*

À cette condamnation dogmatique d'autant plus grave qu'elle émane de l'autorité spirituelle suprême, le roi de Prusse Frédéric II, lui-même nouvel initié, répond sans ambages en 1741 :

Révérends Pères,

J'ai appris de divers côtés, et notamment par les journaux, avec quelle ardeur vous brandissiez le glaive du fanatisme contre des hommes paisibles, vertueux et respectables, contre les nommés Francs-Maçons. Comme je fais également partie des chefs de cette respectable association, j'ai le devoir de repousser, dans la mesure de mes forces, la calomnie qui s'adresse à ceux-ci et de lever le voile épais qui fait paraître, comme un lieu de réunion de tous les péchés, le Temple érigé à toutes les vertus.

Quoi donc ! Révérends Pères, voudriez-vous faire renaître ces siècles d'ignorance et de sauvagerie qui sont la honte de la raison humaine ? Ces siècles de fanatisme auxquels notre pensée ne peut se référer sans horreur ? Ces temps où l'hypocrisie assise sur le trône des tyrannies, entre la superstition et l'humanité, tenait le monde dans les chaînes et vouait au bûcher, sans aucune distinction, quiconque était seulement capable de savoir lire ?

Vous ne vous contentez pas d'appliquer aux Francs-Maçons l'épithète de saltimbanques, mais vous les accusez d'être des brigands, des scélérats, des supports de l'Antéchrist et vous excitez le peuple entier à exterminer cette engeance maudite. Les brigands, Révérends Pères, ne sont pas ceux qui reconnaissent, comme nous, le devoir de secourir les pau-

vres et les orphelins ; les brigands sont ceux qui les dépouillent, qui souvent captent leur héritage et se repaissent de leur butin au sein de l'orgueil et de l'hypocrisie : les brigands sont ceux qui trompent les hommes, alors que les Francs-Maçons cherchent à les éclairer.

Les suppôts de l'Antéchrist porteraient probablement tous leurs efforts vers la destruction des lois du Très-Puissant ; les Francs-Maçons ne peuvent attenter à ces lois sans réduire en ruines leur propre édifice. Ceux-là pourraient-ils être qualifiés d'engeance maudite, qui cherchent leur plus grande gloire dans la diffusion des vertus qui forment l'homme probe ?

Frédéric.

Malgré cette missive justifiant la démarche philosophique, symbolique et spirituelle des frères Francs-Maçons, de nombreuses voix, dont l'ampleur ne cessa de croître au fil des années, continuèrent de jeter la suspicion sur les cérémonies secrètes qui se déroulaient dans les ateliers fraternels. Les rumeurs insistaient sur la menace que cachait le secret maçonnique, d'autant plus dangereux, affirmait-on, que personne n'en voulait révéler la teneur.

On rappela que le compagnonnage, dont la Franc-Maçonnerie s'affirmait issue, avait été lui-même condamné par l'Église, le 14 mars 1655, pour les motifs que : *Les Compagnons font jurer sur l'Évangile à ceux qu'ils reçoivent de ne révéler ni à père ni à mère, femme ni enfants, ni confesseur ce qu'ils feront ou verront faire dans leurs loges.*

La Franc-Maçonnerie, on le voit, répétait en les accroissant les fautes tout aussi condamnables de ses prédécesseurs. C'est ainsi qu'une seconde bulle, intitulée *In Eminenti*, fut promulguée en 1751 par Benoît XIV, qui interdit définitivement la Franc-Maçonnerie et menaça d'en excommunier tous les membres. Le Parlement de Paris refusa de tenir compte de ces condamnations ce qui permit à de nombreux prêtres et évêques d'être initiés sans avoir d'autorisation préalable à demander à leurs supérieurs, d'ailleurs souvent initiés eux-mêmes.

C'est ainsi qu'un évêque nommé Talleyrand pouvait sans crainte se montrer dans le monde avec ses maîtresses et, également Franc-Maçon, fréquenter ouvertement l'atelier de son obédience.

Malgré ces péripéties franco-vaticanes, il n'existait pas réellement d'anticléricalisme au XVIIIe siècle dans notre pays. Il faudra attendre la Révolution et le XIXe siècle pour que les relations s'enveniment définitivement entre Rome et les Ordres maçonniques. Ayant perdu son pouvoir temporel, l'Église durcit ses positions dogmatiques, perdant le libéralisme relatif dont elle avait fait preuve pendant une centaine d'années.

Contesté en Italie même par les indépendantistes italiens (souvent initiés Francs-Maçons ou Carbonari) qui réclamaient ses territoires, le Vatican tenta de renforcer sa puissance spirituelle en stigmatisant les dangers de la Franc-Maçonnerie, ses crimes et sa cruauté, voire ses alliances diaboliques, le tout résumé dans la bulle de Léon XIII, *Humanum Genus*, de 1887 qui excommunie à nouveau tous les Francs-Maçons.

Il n'existe plus de nos jours de telles condamnations, bien que le code de droit canonique condamnant la Franc-Maçonnerie n'ait pas évolué vers la tolérance, et encore moins vers une quelconque reconnaissance. En 1983, dans le nouveau code de droit canonique, le canon 1374 (qui, depuis Vatican II, remplace les canons 2335 et 2228) dit textuellement : *Quiconque adhère à une association qui complote contre l'Église doit être puni d'une juste peine ; quiconque soutient ou dirige une telle association doit être frappé d'interdit.*

L'excommunication des Francs-Maçons se retrouve levée… par omission. Mais à une question précise concernant la Franc-Maçonnerie, la Congrégation pour la Doctrine de la Foi répondit le 26 novembre1983 :

On a demandé si le jugement de l'Église sur les associations maçonniques était changé, étant donné que dans le nouveau Code de droit canonique, il n'en est pas fait mention expresse, comme dans le code antérieur... Le jugement négatif de l'Église sur les associations maçonniques demeure donc inchangé parce que leurs principes ont toujours été considérés comme inconciliables avec la doctrine de l'Église, et l'inscription à ces associations reste interdite par l'Église. Les fidèles qui appartiennent aux associations maçonniques sont en état de péché grave et ne peuvent accéder à la Sainte Communion.

Les autorités ecclésiastiques locales n'ont pas compétence pour se prononcer sur la nature des associations maçonniques.

Dialogue de sourds. Les Francs-Maçons, qui, quelles que soient leurs obédiences, s'interrogent sur la condition humaine et travaillent à son meilleur devenir, n'ont pas pour priorité de "comploter" contre une Église aux élites souvent rétrogrades, qui ne parvient pas à rompre avec le souvenir de sa puissance temporelle passée, et continue d'agir comme au temps de sa toute-puissance médiévale, en témoignent les prises de position du Vatican dans les grands débats de société.

On comprend aisément que, sans la bonne volonté des uns et des autres, aucune solution ne permettra jamais de réunir deux groupes qui malgré les apparences ont un idéal souvent assez proche, quand bien même les mots et méthodes qu'ils utilisent semblent les séparer.

La Franc-Maçonnerie sous la IIIe République (1870-1940)

Tout le monde sait qu'il existe une sorte d'association internationale, ayant des groupes secrets dans presque toutes les contrées du monde, ne laissant connaître au public qu'un très petit nombre de ses membres, tenant des réunions mystérieuses en des locaux souvent cachés, réunions d'où sont soigneusement écartées les personnes non affiliées, et appelée la Franc-Maçonnerie.

Ces personnages qui, en certaines circonstances, font brusquement bande à part au milieu de leurs semblables, qui ont des signes secrets de ralliement et un langage spécial énigmatique, qui en un mot emploient, pour la plupart, tous leurs efforts à dissimuler leur qualité de membre d'une association particulière, ce sont les Francs-Maçons.

Ainsi écrivait le journaliste Léo Taxil en 1890 (voir lexique). Inventant de toutes pièces une Maçonnerie faite de diablerie et constituée d'ennemis de l'Église et du Christ, ce falsificateur à l'imagination débordante parvint à dresser une partie de la population contre la Franc-Maçonnerie, qu'il montrait comme étant à l'origine de tous les tracas que connaissait la France.

Ce Léo Taxil, Gabriel Jogand-Pagès de son vrai nom, était un curieux personnage formé chez les Jésuites, ensuite devenu, par haine contre eux, un anticlérical forcené n'ayant pas hésité à écrire et à publier quelques ouvrages particulièrement injurieux pour la religion chrétienne.

On relève, entre autres, une *Vie de Jésus* insultant le Christ, une *Bible amusante* caricaturant les textes sacrés, ou encore *Les Amours de Pie XI*, outrageant le pape. Également éditeur d'un journal nommé *l'Anticlérical*, précisément destiné à salir l'Église, Léo Taxil fut initié dans une loge maçonnique en 1881 mais la quitta rapidement sans avoir dépassé le grade d'apprenti.

Cependant, ce cours et infructueux séjour lui fut suffisant pour relever un grand nombre de symboles et moments rituels, de mots convenus, qu'il utilisa ensuite pour écrire des ouvrages dans lesquels il décrivait à sa manière les cérémonies maçonniques.

Quelque temps après avoir quitté sa loge d'initiation, peu regardante sur ses admissions, le contestable journaliste se convertit au catholicisme et entreprit dès lors d'injurier et de salir la Franc-Maçonnerie et les *Frères Trois Points* avec la même frénésie qu'il avait mis quelques années plus tôt à insulter l'Église et les membres du Sacré Collège.

Il ne faisait que reprendre une longue tradition d'écrits antimaçonniques dont ceux de l'abbé

Barruel, prêtre émigré en Grande-Bretagne pendant la Révolution. Il reprenait, au pied de la lettre et au premier niveau, les paroles allégoriques du pape Léon XIII, qui comparait la Franc-Maçonnerie à la Cité de Satan livrant bataille à la Cité de Dieu (c'est-à-dire l'Église).

Malgré cela, tout le monde n'était pas dupe des écrits falsificateurs de Taxil et le pape Léo XIII lui-même fut assez suspicieux à l'égard de ses fausses révélations. De même, quelques jésuites (notamment les pères Portalis et Grûber) n'hésitèrent pas à dénoncer, mais en vain, les supercheries du journaliste. Celui-ci obtint un grand succès populaire et fut traduit dans presque toutes les langues d'Europe.

Ce n'est qu'après douze années de mensonges profitables pour lui que Léo Taxil réunit à Paris une foule immense de journalistes et un vaste public avide de nouvelles révélations. Prenant la parole devant un auditoire bouillant d'impatience, l'écrivain mythomane révéla alors qu'il avait inventé de toutes pièces ses récits et qu'il n'avait jamais rencontré d'adorateurs sataniques chez les Francs-Maçons.

Il avoua aussi que les Maçons repentis qu'il avait mis en scène n'étaient que des comparses payés pour témoigner de tout et de n'importe quoi. Malheureusement, malgré ces aveux aussi publics que tardifs, le mal était fait et il resta longtemps dans l'esprit d'honnêtes gens que la Franc-Maçonnerie était vouée à Satan et n'avait que l'Église et ses prêtres pour ennemis. La conférence de presse s'acheva dans un pugilat général.

Léo Taxil, de romancier, devint auteur de… livres de cuisine, et mourut dans l'anonymat. Mais ses élucubrations marquèrent les mentalités, et plusieurs de ses "idées" furent reprises par les pétainistes, lorsqu'ils voulurent dénigrer la Franc-Maçonnerie.

La Troisième République fut riche en scandales de toutes sortes et il est vrai que des frères furent sinon à l'origine, du moins mêlés à certains d'entre eux, notamment dans la banqueroute du canal de Panama, qui provoqua de violentes campagnes de presse de la droite contre le pouvoir financier "judéo-maçonnique" ou la célèbre affaire Stavisky.

Dès la séparation de l'Église et de l'État, réalisée par le député Combes (voir lexique), qui avait déchaîné les passions et permis aux uns et aux autres d'utiliser des arguments indignes de citoyens responsables, la guerre était déclarée entre les représentants de l'Église et ceux de la Franc-Maçonnerie, retranchés dans l'hôtel particulier de la rue Cadet.

Après le scandale de l'*affaire des fiches* (1904, voir lexique), le gouvernement Combes dut abandonner le pouvoir tandis que, pour le grand public, la Franc-Maçonnerie se révélait être une société secrète, honorant aussi bien Lucifer que le Baphomet, mais dont le but réel était bien de s'assurer la puissance et la mainmise sur tous les pouvoirs, qu'ils soient militaires, financiers ou politiques.

On imagine quelle force pouvait alors atteindre des ouvrages tels que ceux de Léo Taxil qui précisément racontaient les dessous inventés des tractations secrètes réalisées entre les frères lors de réunions de l'*arrière-loge*, c'est-à-dire informelles et connues seulement de quelques initiés devenus dans la presse populaire des conjurés de la République.

Cette situation fut confirmée ultérieurement par des propos tels que ceux de Charles Maurras déclarant ironiquement que: "*dans la Troisième République, les ministres se suivent, mais sont au service d'une institution spéciale, la Franc-Maçonnerie*".

Ce climat délétère permettait d'utiliser le repoussoir maçonnique pour gagner les élections et la droite d'alors ne s'en privait pas, dénonçant en permanence les loges dans lesquelles s'ourdissaient de sombres complots d'un bout à l'autre du pays.

La Franc-Maçonnerie et la Seconde Guerre mondiale

L'anti-maçonnisme atteint son apogée au moment de la Seconde Guerre mondiale, au début de laquelle les lois et décrets mirent la Franc-Maçonnerie dans une situation bien plus dangereuse que les campagnes journalistiques ne l'avaient fait jusque-là.

Le 13 août 1940, le maréchal Pétain, chef de l'État français installé à Vichy, interdit les *sociétés secrètes* et fit saisir leurs biens, mobiliers et immobiliers, que l'on vendit alors au profit de l'Assistance publique.

Voici le texte du 13 août 1940 tel que le présenta au maréchal Pétain Adrien Marquet, ministre, secrétaire d'État à l'Intérieur :

Rapport préliminaire

Monsieur le Maréchal,

Des organisations à caractère occulte se sont instituées ou développées en France, sous forme d'associations, soit même de simples groupements de fait. Aucun gouvernement ne peut admettre, et dans les circonstances actuelles moins que jamais, l'existence de groupements poursuivant une activité clandestine ou secrète.

Il serait totalement inadmissible que l'œuvre entreprise en vue du redressement national pût être combattue par des organisations d'autant plus dangereuses qu'elles restent cachées, qu'elles recrutent un grand nombre de leurs membres parmi les fonctionnaires et que leur activité tend trop souvent à fausser les rouages de l'État et à paralyser l'action du Gouvernement.

Il apparaît donc indispensable, d'une part, de dissoudre tous les groupements ou associations à caractère secret et d'en interdire la reconstitution ; d'autre part, d'exiger de tous ceux qui sont investis d'une fonction publique un engagement d'honneur attestant qu'ils n'appartiennent pas et n'appartiendront jamais à une pareille organisation.

Tel est l'objet de la loi que nous avons l'honneur de soumettre à votre haute approbation.

Veuillez agréer, Monsieur le Maréchal, l'hommage de notre profond respect.

Le Ministre Secrétaire d'État à l'Intérieur,

Adrien Marquet.

ARTICLE PREMIER. - Dissolution de principe

Sont dissous de plein droit, à dater de la promulgation de la présente loi :

1 : Toute association, tout groupement de fait, dont l'activité s'exerce, même partiellement, de façon clandestine ou secrète ;

2 : Toute association, tout groupement de fait, dont les affiliés s'imposent d'une manière quelconque l'obligation de cacher à l'autorité publique, même partiellement, les manifestations de leur activité ;
3 : Toute association, tout groupement de fait qui refuse ou néglige de faire connaître à l'autorité publique, après en avoir été requis, ses statuts et règlements, son organisation intérieure, sa hiérarchie, la liste de ses membres avec l'indication des charges qu'ils occupent, l'objet de ses réunions ou qui fournit intentionnellement sur ces objets des renseignements faux ou incomplets.

Quelques jours plus tard, le 19 août 1940, furent dissous le Grand Orient de France et la Grande Loge de France, qualifiés de sectes pour l'occasion, puis six mois plus tard, ce furent les petites organisations plus ou moins attachées à la Franc-Maçonnerie qui furent interdites à leur tour, aussi bien la Société Théosophique que les Ordres martiniste, gnostique, et quelques autres.

Pour prouver le caractère néfaste de l'Ordre, une exposition antimaçonnique fut organisée au Petit Palais tandis que le film, *Forces occultes* prétendant dévoiler les complots maçonniques et les rites secrets était montré avec succès aux spectateurs.

En même temps, la liste des Maîtres Maçons fut publiée au *Journal officiel*. Dans l'administration, à l'instar des juifs déjà sanctionnés, les Frères se virent privés de leur emploi et des responsabilités qu'ils exerçaient.

Ces condamnations et interdictions diverses n'eurent pas l'effet escompté par les forces antimaçonniques de l'État français. En effet, paradoxalement, elles permirent de mieux faire connaître un ordre totalement inconnu jusque-là.

Au-delà de la caricature extrême, instaurée par les écrits de Léo Taxil, les visiteurs des expositions ainsi que les spectateurs du film pressentirent qu'on leur mentait, que la Franc-Maçonnerie ne possédait pas cet aspect sulfureux qu'on avait voulu leur montrer. Nombre de personnes se prirent dès lors d'intérêt pour un ordre qui subissait les persécutions nazies et vichystes.

L'édition au *Journal officiel* de la liste de tous les Maîtres Maçons permit de se rendre compte que les frères n'étaient pas tous députés, banquiers ou suppôts de Satan, mais plutôt de simples et honnêtes citoyens des classes moyennes.

Mise en sommeil et écartée arbitrairement de la vie publique, la Franc-Maçonnerie et ses membres jouèrent un grand rôle dans la Résistance. Pierre Brossolette ou Jean Moulin furent les héros et martyrs les plus représentatifs d'une époque qui vit aussi mourir de nombreux héros, Francs-Maçons ou non, injustement méconnus.

LES GRANDES DATES DE L'HISTOIRE DE LA FRANC-MAÇONNERIE

—960 : Salomon, conformément au vœu de son père, le roi David, fait construire le temple de Jérusalem. Le roi Hiram de Tyr lui a envoyé, pour l'aider, des ouvriers de grande expérience, dont Hiram, "fils d'une veuve de Nephtali", un fondeur qui, selon la légende maçonnique, a été l'architecte du temple.

—587 : Destruction de Jérusalem et de son temple par Nabuchodonosor, roi de Babylone, qui y déporte le peuple juif.

—520 : Reconstruction du temple autorisée par Darius, roi des Perses.

—40 : Le roi Hérode entreprend des travaux de

réfection du temple.

70 : Vainqueur de la guerre de Judée, Titus, futur Empereur romain, détruit le temple, qui est entièrement rasé en **132**.

1015 : Constitution de la loge des tailleurs de pierre de la cathédrale de Strasbourg.

1096 : Première croisade.

1118 : 27 décembre. Fondation, à Jérusalem, de l'Ordre du Temple par Hugues de Payns et neuf chevaliers.

1244 : Naissance de Jacques de Molay.

1275 : Première assemblée générale des Maçons constructeurs à Strasbourg.

1314 : Mort de Jacques de Molay, Grand Maître des Templiers brûlé à Paris sur l'ordre de Philippe le Bel. Fin de l'Ordre des Chevaliers du Temple et réquisition de tous leurs biens.

1534 : Rupture de l'Angleterre avec l'Église catholique romaine.

1564 : Dernière assemblée à Strasbourg des maçons allemands, descendants des tailleurs de pierre de la cathédrale qui avaient obtenu des franchises de l'empereur, en **1276**.

1598 : Mise en place des Statuts Schaw.

1599 : Premiers comptes rendus d'une loge maçonnique.

1601 : James (Jacques) VI d'Écosse est inscrit à la *Grande Loge d'Écosse*.

1604 : Francis Bacon introduit le degré de Compagnon.
1610 : Galilée décrit publiquement la structure et le fonctionnement du système solaire.
1614 : Première édition de la *Fama Fraternitatis*, texte fondateur de l'Ordre de la Rose-Croix, suivi en 1615 de la *Confession*, et en **1616** des *Noces Chymiques de Christian Rosencreutz, Anno 1459*.
1646 : Élias Ashmole, alchimiste anglais rose+croix, est reçu Maçon.
1649 : Henriette de France, fille d'Henri IV et de Catherine de Médicis, se réfugie à Saint-Germain-en-Laye après la décapitation de son mari Charles Ier d'Angleterre. Plusieurs nobles de sa suite, écossais ou irlandais, sont Francs-Maçons et vont "importer" la Maçonnerie en France.
1662 : Création en Angleterre de la *Société Royale pour l'avancement de la science* par des Francs-Maçons, à buts philanthropique et peu ou prou politique. Naissance officielle de la Franc-Maçonnerie spéculative.
1689 : Jacques II Stuart, chassé du trône d'Angleterre, s'installe lui aussi à Saint-Germain-en-Laye. Les nobles de sa suite raniment les premières Loges créées par les Écossais et les Irlandais.
1717 : Quatre loges de Londres se réunissent et donnent officiellement naissance à la Franc-Maçonnerie. Ses membres appartiennent davantage à la haute société et à l'élite intellectuelle du régime orangiste

qu'aux corporations de métier.

1721 : Le premier Grand Maître de la *Grande Loge* est John, duc de Montagu.

1723 : Publication des *Constitutions d'Anderson*, qui ont été acceptées par la Grande Loge l'année précédente. Une édition révisée sera imprimée en **1732**.

1725 : Création de la *Grande Loge d'Irlande*.

1726 : Première cérémonie maçonnique au troisième degré, grade de *maître*.

1726 : Fondation à Paris d'une des premières loges maçonniques françaises, se réunissant dans une taverne du quartier Saint-Germain-des-Prés. Les fondateurs sont Milord Derventwater, le chevalier Maskelyne et plusieurs nobles anglais. L'atelier se réunit au *Louis d'Argent*, une taverne de la rue des Boucheries (quartier de Saint-Germain-des-Prés) et attire rapidement cinq à six cents précurseurs de la Maçonnerie française, bien que les colonnes comptent aussi de nombreux Frères polonais, russes et anglais.

1736 : Première version du *Discours* du chevalier de Ramsay. Une seconde version sera faite l'année suivante et le *Discours* sera imprimé en **1738**.

1752 : George Washington est accueilli Franc-Maçon dans la loge de Fredericksburg, reconnue par la *Grande Loge d'Écosse*.

1735 : La *Grande Loge de Londres* crée une Loge régulière (Loge d'Aubigny) à Paris, rue de Bussy.

1736 : Fondation de la première *Grande Loge de France* (dépendante de la *Grande Loge de Londres*). Le Grand Maître est Lord Derwentwater, petit-fils naturel de Charles II. Cette même année, le chevalier de Ramsay (voir lexique) rédige un discours resté fameux, dans lequel il tente de prouver les origines templières et chevaleresques de l'Ordre. Le chevalier veut ainsi lutter contre le recrutement trop bourgeois de la nouvelle Maçonnerie.

1737 : Le *Discours* du chevalier de Ramsay, suggérant que la Maçonnerie française fasse davantage référence à la chevalerie plutôt qu'au métier de bâtisseur est transmis à Louis XV et à son Premier ministre le cardinal Fleury. Les Francs-Maçons français, à l'instar des Francs-Maçons anglais, cherchent des protecteurs. Le roi et son Premier ministre non seulement refusent leur parrainage, mais décident la répression. Sur ordre du cardinal Fleury, la Franc-Maçonnerie est interdite de réunions par une sentence de police (décret) du 4 septembre.

Ces réunions se déroulant souvent dans des tavernes, on interdit à tout traiteur et cabaretier de les organiser ou de les accueillir.

1738 : Le 4 mai, le pape Clément XII condamne la Franc-Maçonnerie, dans sa bulle *In Eminenti*. Toute personne faisant partie de la société des *Liberi Muratori* (Francs-Maçons en latin) peut être excommuniée et privée d'absolution au moment de sa mort.

Cette bulle ne sera pas enregistrée par le Parlement, et n'influera jamais, bien au contraire, sur le recrutement maçonnique.

La même année, le duc d'Antin, arrière-petit-fils de la marquise de Montespan, prend la charge de Grand Maître perpétuel. Il est le premier Grand Maître français. Cette nomination prouve la détermination des Francs-Maçons français à passer outre la tutelle anglaise et les interdits romains.

1742 : Plusieurs évêques (Marseille, Toulouse...) condamnent les loges dans leurs diocèses.

1743 : Mort du duc d'Antin. Le comte de Clermont, prince de sang, est élu Grand Maître perpétuel. Le maréchal de Saxe n'obtient pas la majorité des voix durant le vote. Le 11 décembre sont publiés les Règlements généraux pour servir à toutes les loges du royaume, inspirés des Constitutions d'Anderson mais comptant quelques particularités bien françaises. Alors qu'il n'existait jusqu'alors que deux grades maçonniques, apprenti et compagnon, apparaît le troisième grade de maître. Cela dans la continuité du discours de Ramsay, souhaitant la création d'une Maçonnerie proche des anciens ordres chevaleresques. De nouveaux grades, plus symboliques apparaissent. On les appellera les hauts grades.

1745 : Nouvelles sentences de police interdisant, sans les nommer explicitement, les réunions maçonniques dans les endroits publics, tels les cabarets.

1751 : Bulle papale de Benoît XIV *Providas Romanorum Pontificas*, confirmant la précédente de Clément XII. Création à Marseille d'un Rite comportant sept degrés : Apprenti, Compagnon, Maître, Maître Parfait, Maître Élu des Neufs, Parfait Écossais et Chevalier d'Orient.

1754 : Fondation du *Rite des Élus Cohen* par Martinez de Pasqually.

1755 : Louis de Bourbon, comte de Clermont dresse de nouveaux statuts pour servir de règlements à toutes les Loges de France. Il y est clairement indiqué que tout Franc-Maçon doit avoir reçu le baptême et se doit de pratiquer le culte catholique. L'appellation *Grande Loge de France* s'emploie désormais pour désigner l'ensemble des Loges maçonniques françaises, jusqu'alors dépendantes de la Grande Loge *Anglaise* de France.

1756 : Installation en France du Rite (ou régime) de la *Stricte Observance*. Ce régime insiste sur les origines templières de la Franc-Maçonnerie, les frères de ce rite perpétuant l'Ordre des moines soldats.

1758 : La Grande Loge de France devient officiellement indépendante de l'Angleterre. En même temps éclate une crise durable au sein de la Franc-Maçonnerie. Une scission, provoquée par la nomination, comme substitut particulier du Grand Maître, du maître-à-danser Lacorne, éclate entre les frères aristocrates et grands bourgeois, et ceux de la classe moyenne de la bourgeoisie. Les nobles, en dépit des sentiments de fraternité dont ils se prévalent, se refusent à partager leurs prérogatives avec des boutiquiers et des artisans.

1767 : Après une suite d'incidents, les assemblées de la Grande Loge sont interdites par le pouvoir royal. Les loges parisiennes continuent cependant à se réunir dans une semi-clandestinité. Le baron de Hund établit le rite Templier de la Stricte Observance.

1771 : 16 juin, mort du Comte de Clermont. Le duc de Chartres, lui aussi prince de sang, futur duc d'Orléans et Philippe Égalité, lui succède, malgré les interdictions royales.

1773 : Après une réunion de toutes les Loges maçonniques françaises, assemblées en Grande Loge nationale, est créée une nouvelle obédience forte, intitulée : *Grand Orient de France*. Le Grand Maître en est le duc de Chartres. De nouveaux règlements et statuts, interdisant entre autres le privilège de Maître de Loge à perpétuité, et le rachat de certaines charges, amènent le mécontentement et le départ de quelques frères. Ces derniers recréent l'ancienne Grande Loge interdite en 1766.

1774 : Création des *Loges d'Adoption*, admettant les femmes (Sœurs) en Maçonnerie. Celles-ci ne sont que tolérées pendant une petite partie des travaux de leurs Frères.

1778 : Initiation de Voltaire, quelques semaines avant sa mort, dans la Loge d'Adoption des Neuf-Sœurs. La cérémonie se déroule en présence de Benjamin Franklin. Le duc de Chartres reçoit le nouveau frère quelques jours plus tard. Cette initiation paraît aujourd'hui paradoxale car Voltaire n'eut dans sa vie que des relations houleuses avec les Frères dont il se moquait fréquemment du goût du rituel. Les lettres échangées, notamment, entre Voltaire et le Frère abbé Fréron, outre leur intérêt historique, sont des monuments de la littérature. La cérémonie d'initiation de Voltaire se déroule dans les nouveaux locaux du Grand Orient, rue du Pot-de-fer, dans l'ancien couvent des jésuites.
1782 : Convent de Willemsbad, qui rejette la descendance templière et sera à la base du *Rite Écossais rectifié* (R.E.R.). Condamnation de la pratique de l'alchimie par les Francs-Maçons.
1786 : Le Grand Orient adopte le Rite français. À Berlin sont élaborées les Grandes Constitutions gérant les trente-trois degrés de l'Écossisme sous l'autorité (prétendue) de Frédéric II de Prusse.
1789 : Le 9 novembre, le Grand Orient de France invite ses membres à *enseigner les devoirs nouveaux et à tirer des événements la leçon qu'ils comportent.* De nombreuses Loges sont vidées de leurs effectifs puis fermées en raison, notamment, de l'émigration.
1793 : Le 22 février, Philippe Égalité, cousin de

Louis XVI - dont il a voté la mort - Grand Maître de l'Ordre, démissionne et répudie la Franc-Maçonnerie. Il déclare à cette occasion : "*Je pense qu'il ne doit y avoir aucun mystère ni aucune assemblée secrète dans une République, surtout au commencement de son établissement.*"

Son épée de Grand Maître, en signe d'infamie, sera brisée lors d'une tenue, par des Frères pour le moins déçus du comportement de leur ancien responsable qui a eu, pour secrétaire, le Frère Choderlos de Laclos.

1793-1796 : Les loges maçonniques ferment pour la plupart. La loi Le Chapelier interdit les réunions. Seuls quelques ateliers recommencent timidement leurs travaux après la Terreur (1796).

1798 : L'abbé Barruel, premier auteur anti-maçonnique, publie ses *Mémoires pour servir l'histoire du jacobinisme*.

1799 : Réveil de la Franc-Maçonnerie. Les deux obédiences, Grande Loge et Grand Orient, signent un acte d'entente et d'union.

1801 : Création, à Charleston, du premier *Suprême Conseil Écossais* regroupant trente-trois degrés, dont trente de hauts grades. Le comte de Grasse-Tilly, revenu de Charleston, établit le *Rite Écossais Ancien et Accepté*.

1804 : Fondation à Paris du *Suprême Conseil de France*. Joseph Bonaparte est Grand Maître de la

Maçonnerie française.

1815 : Le Suprême Conseil proclame l'indépendance du Rite Écossais Ancien et Accepté.

Le Grand Orient crée le *Suprême Conseil des Rites*, futur *Grand Collège des Rites*.

1821 : Le duc Decazes reconstitue le Suprême Conseil de France. Il sera installé Souverain Grand Commandeur du Rite Écossais Ancien et Accepté en **1838**.

1848 : Le Franc-Maçon Victor Schœlcher fait abolir l'esclavage (interdit sous la Convention par Mirabeau et Condorcet, mais rétabli par Bonaparte, premier consul en 1802).

1849 : Le Grand Orient adopte la devise républicaine *Liberté, Égalité, Fraternité*.

1852 : Lucien Murat devient Grand Maître et achète l'hôtel de la rue Cadet.

1855 : Premier congrès maçonnique universel à Paris.

1862 : Napoléon III, à l'instar de son impérial oncle, cherche à imposer son autorité à la Maçonnerie française en faisant désigner le maréchal Magnan Grand Maître, qui tentera, en vain, de réunir les loges du *Rite Français* et celles du *Rite Écossais Ancien et Accepté*.

1864 : Abd-el-Kader est initié à Alexandrie.

1865 : Nouvelle condamnation papale (par Pie IX) de la Franc-Maçonnerie.

1869 : Initiation de Gambetta à Marseille.

1871 : Les Maçons parisiens proposent leur médiation entre Communards révoltés et soldats versaillais.

1877 : Le Grand Orient, sous la présidence du pasteur Desmond, modifie l'article 1er de sa constitution (Anderson). Désormais, les Francs-Maçons ne sont plus tenus de reconnaître le Grand Architecte de l'Univers. Chaque loge agit comme elle le souhaite, cependant cette décision emmènera de nombreuses scissions au sein de l'Ordre maçonnique.

1882 : Le Maçon Jules Ferry présente "ses" lois qui rendent l'enseignement primaire obligatoire, laïque et gratuit. Chaque commune devra posséder son école laïque.

1884 : Le pape Léon XIII, à son tour, condamne la Maçonnerie et excommunie ses membres avec l'encyclique *Humanum Genus* : "*Ceux qui adhèrent à la secte maçonnique ou autre association du même genre qui complote contre l'Église ou les pouvoirs civils, encourent, ipso facto, l'excommunication réservée seulement au siège apostolique.*" En France, le divorce est légalisé par une loi défendue par le Frère Alfred Naquet.

1894 : En réaction à la politique du Grand Orient se crée la *Grande Loge de France*, en même temps que s'organise l'obédience mixte appelée le *Droit Humain*.

1901 : Loi sur la liberté d'association, soutenue au Parlement par l'ensemble des Francs-Maçons.

1903 : Affaire des fiches.

1905 : Loi sur la séparation de l'Église et de l'État.

1909 : Fondation de l'*Ancien et Mystique Ordre de la Rose-Croix* (A.M.O.R.C.) par le spiritualiste américain Harvey Spencer Lewis (1885-1939).

1913 : Formation de la *Grande Loge Nationale Française*, reconnue deux ans après par la Franc-Maçonnerie anglaise. De nos jours, c'est la seule obédience française à toujours l'être.

1922 : Le parti communiste français interdit à ses membres de se faire initier en Franc-Maçonnerie.

1940 : Le gouvernement de Vichy dissout les sociétés secrètes. Le Grand Orient et la Grande Loge sont les premiers touchés. De nombreuses fonctions, notamment dans l'administration, sont interdites aux Francs-Maçons.

1943 : Sans être un admirateur de la Franc-Maçonnerie, le Général de Gaulle est contre son interdiction et décrète par les ordonnances d'Alger l'annulation des lois de Vichy supprimant les sociétés secrètes.

1944 : Réveil de la Franc-Maçonnerie.

1945 : Création de la *Grande Loge Féminine de France* (elle ne prendra ce nom qu'en 1952, s'intitulant auparavant *Union Maçonnique Féminine de France*).

1953 : La Grande Loge rend obligatoire la Bible dans les ateliers de son obédience.

1954 : Fondation en France de la *Grande Loge du Régime Rectifié*.

1958 : Scission à la Grande Loge Nationale Française. Les dissidents s'installent avenue de l'Opéra, et se regroupent dans la *Grande Loge Nationale de France-Opéra* (ou GLNF-Opéra).

1964 : Scission à la Grande Loge de France. Six cents Francs-Maçons de l'obédience partent grossir les rangs de la Grande Loge Nationale de France.

1982 : Fondation de la *Grande Loge Mixte Française*.

COMMENT DEVENIR FRANC-MAÇON

Au début de la Franc-Maçonnerie spéculative, qui conservait les principes sélectifs et élitistes de la Franc-Maçonnerie opérative, les premières Loges exigeaient en premier lieu la foi absolue en Dieu et refusaient d'initier les artisans et ouvriers n'ayant pas encore obtenu leur brevet de métier, ou la maîtrise dans leur état. Elles rejetaient aussi les domestiques, les comédiens et tous ceux qui étaient, dans leur vie sociale et professionnelle, assujettis à un maître, d'une manière ou d'une autre.

De nos jours, l'entrée d'un profane dans une Loge est plus simple et ne nécessite pas ces brevets de liberté pour la première raison qu'il n'y a plus de domesticité absolue ni de pouvoir régalien dans notre société.

Seules de bonnes mœurs, un casier judiciaire vierge et de bonnes relations sociales, la possession de ses droits civiques et un minimum d'instruction permettant de participer à des travaux philosophiques seront exigés pour l'acceptation d'une nouvelle Sœur ou d'un nouveau Frère parmi les membres d'un atelier maçonnique.

Il ne lui sera jamais rien demandé d'autre que de respecter la liberté absolue de conscience des autres Francs-Maçons.

Les Francs-Maçons ne se défient que des fascismes et des intégrismes, sous toutes leurs formes. Le "complot judéo-maçonnique", vieille antienne pétainiste, est encore évoqué par des dirigeants de mouvements d'extrême droite. Les régimes totalitaires, de gauche comme de droite, ont, au cours de l'histoire, interdit, poursuivi la Franc-Maçonnerie, à laquelle ils reprochent son exigence de liberté d'expression. Encore au XXe siècle, les Francs-Maçons risquaient la peine de mort en Espagne, le régime de Vichy persécuta les Francs-Maçons (voir la partie historique) - rares furent les Frères déportés qui revinrent des camps - et les États communistes d'Europe centrale s'acharnèrent, eux aussi, sur ceux qui se réclamaient de l'idéal maçonnique…

Fréquemment, le postulant est "approché" par un membre de son entourage, professionnel ou associatif, qui se révèle être Franc-Maçon, et propose de le parrainer dans ses démarches d'approche de la Franc-Maçonnerie, de servir d'intermédiaire.

Mais on peut aussi désirer entrer en Maçonnerie sans en connaître de membres. Il suffit alors de s'adresser à la direction du mouvement (on dit Obédience) que l'on a choisi. Le nom et l'adresse postale des obédiences ne sont pas secrets, et se trouvent dans tous les annuaires téléphoniques (ou parfois dans le Minitel et sur Internet).

En principe, il faut être majeur pour pouvoir présenter sa demande aux grandes obédiences françaises, quoique certains profanes, fils de Francs-Maçons, soient accueillis avant dix-huit ans avec une dispense. Si le candidat est recommandé par un ou plusieurs Frères, il peut les nommer dans la demande écrite qu'il envoie à l'Obédience. Mais ce parrainage ne présuppose en rien une admission automatique. Toutes les demandes sont examinées avec le même intérêt, toutes les démarches sont identiques, que l'on soit parrainé ou non.

Quelque temps après sa demande écrite, le postulant reçoit un formulaire lui demandant de détailler le but de sa démarche, destiné à éclairer les Frères ou Sœurs sur les motifs de sa candidature. Il doit aussi fournir des pièces administratives (curriculum vitæ, fiche d'état civil, extrait de casier judiciaire, photographies récentes…), puis rencontrer successivement le vénérable de la loge choisie par le secrétariat de l'obédience (dans la mesure du possible proche de son domicile, à moins qu'il ne s'agisse de la loge du parrain), et trois enquêteurs.

Ces enquêteurs, désignés confidentiellement par le président de la loge, conversent, parfois d'une manière qu'il peut juger indiscrète, avec le candidat sur trois catégories de sujets. Après ces trois entretiens, le candidat aura livré ses opinions sur la famille, son pays et la société, il aura développé ses convictions politiques, ses idéaux et ses conceptions philosophiques.

Ces trois enquêtes feront, pour chacune d'entre elles, l'objet d'un compte rendu. Comptes rendus qui seront lus en loge afin de permettre aux Frères ou Sœurs Francs-Maçons de mieux connaître le postulant. Lequel sera alors convoqué dans la Loge, où il sera introduit les yeux bandés. Ce bandeau est une survivance des époques où la Franc-Maçonnerie étant persécutée, il était préférable que le candidat ignore qui l'avait accueilli, afin d'éviter d'éventuelles dénonciations dues au dépit s'il avait été, ensuite, blackboulé.

Il devra répondre, de façon concise, aux questions qui lui seront posées. Questions qui pourront lui paraître saugrenues, ou compliquées. Il ne s'agit pas d'un oral d'examen mais, pour les Frères ou les Sœurs, seulement d'une manière de faire plus ample connaissance avec quelqu'un qui, éventuellement, fera désormais partie de la famille maçonnique. Le postulant remercié, les Frères ou les Sœurs à nouveau entre eux, il sera procédé à une délibération et à un vote.

Chaque votant est muni d'une boule noire, pour le refus ou l'ajournement temporaire, et d'une boule blanche, pour l'acceptation. Le vote est secret. Le postulant est rapidement informé du résultat. S'il est favorable, le postulant sera convoqué pour son initiation. Mais il devra encore s'armer de patience. Les formalités évoquées ci-devant prennent du temps, et une loge ne procède, généralement, qu'à une initiation par an. La relative lenteur de toutes ces démarches d'admission est, elle aussi, un test : ceux qui n'ont pas une motivation bien ancrée de devenir Franc-Maçon se lassent vite d'attendre et abandonnent au milieu du gué…

D'autres abandonnent dès le début des démarches, après un ou deux entretiens, en constatant que les idées qu'ils se font de la Franc-Maçonnerie sont fausses.

Ceux qui croient qu'entrer en Maçonnerie les fera pénétrer dans un milieu mystérieux, secret, voire occulte, seront déçus. De même ceux qui pensent que la fraternité maçonnique procure des passe-droits. Ils se verront inciter à réfléchir encore avant de s'engager, et, s'ils insistent, prendront le risque d'être blackboulés (c'est-à-dire refusés, les boules noires l'ayant emporté sur les boules blanches)

On entre en Maçonnerie pour s'enrichir de contacts humains, pour échanger des idées en dehors de son milieu familial, social et professionnel, pour, selon le précepte des philosophes grecs, "se connaître soi-même" et apprendre à se maîtriser intellectuellement.

Il est important aussi, pour le postulant, de choisir son obédience (voir le chapitre suivant), en fonction de sa sensibilité sociale et de son tempérament.

Certaines obédiences privilégient davantage le rituel (parfois pesant, surtout pour un néophyte). Mais lors des entretiens que le postulant aura avec ses enquêteurs, ces derniers, éventuellement, l'aideront à faire un choix s'ils pressentent qu'il se fourvoie à venir dans leur obédience alors qu'une autre correspondra mieux à sa personnalité.

Il sera, quelle que soit l'obédience, demandé au postulant de consacrer un minimum de deux soirées par mois (excepté de juillet à septembre) à son futur atelier, s'il y est reçu.

Il lui sera aussi précisé le coût de son engagement : de 300 euros environ par an, pour des frais qui couvrent la location des temples, l'administration de l'obédience et autres services…

La Franc-Maçonnerie n'est ni un club philanthropique ni un rendez-vous philosophique : une tenue correcte est exigée, le rituel qui encadre les débats doit être strictement observé, et les débats eux-mêmes, où le dialogue est interdit, portant sur des questions bien définies, sont gérés par le Vénérable qui n'accorde la parole aux intervenants que parcimonieusement, afin que ceux-ci pèsent bien leurs mots.

Mais cela, le profane reçu le découvrira après son initiation.

Une initiation qui fera de lui le nouveau maillon d'une chaîne qui le reliera aux milliers d'initiés ayant gravi comme lui, depuis des siècles, les mêmes degrés symboliques, ayant franchi d'identiques épreuves et ayant éprouvé les mêmes doutes.

C'est lorsqu'il s'apercevra des changements dans son comportement, dans ses mécanismes mentaux, que l'ancien profane et nouvel initié saura qu'il est, enfin, Franc-Maçon. Une autre quête, alors, pourra commencer…

PRINCIPALES OBÉDIENCES FRANÇAISES

Ainsi qu'il l'est écrit dans la partie historique de cet ouvrage, la Franc-Maçonnerie française, au cours de son évolution, n'a pas été exempte de scissions. Car si l'Ordre maçonnique est universel, les obédiences, qui centralisent et associent des loges, subissent l'environnement social, économique, culturel et politique de la période où elles se développent.

Les obédiences, en fédérant des Loges et en codifiant les rituels ont mis fin à une situation qui serait rapidement devenue anarchique, tant les Loges ont volontiers l'indépendance sourcilleuse. Les obédiences, qui se désignent comme des "puissances maçonniques", sont un mal administratif nécessaire.

Une obédience a à sa tête un Grand Maître, assisté de Grands Officiers qui, dans une durée relativement courte (trois ans maximum), sont chargés de la gérer, sous la surveillance d'un Convent, sorte de parlement maçonnique qui se réunit annuellement.

Les Maçons, qui aiment les abréviations, désignent souvent leur obédience par leurs initiales ou par leur adresse. Ainsi, des Maçons se rencontrant, et se disant de Cadet ou du G.O., de Puteaux ou de la G.L., de Bineau ou de la G.L.N.F., appartiennent respectivement au Grand Orient, sis rue Cadet à Paris, à la Grande Loge, sise rue Puteaux à Paris ou à la Grande Loge Nationale Française, autrefois sise boulevard Bineau à Neuilly…

On compte, en France, plus d'une dizaine d'obédiences maçonniques, masculines, féminines ou mixtes, regroupant plus de cent mille Maçons des deux sexes. Toutes ces obédiences travaillent aux trois premiers degrés de la Franc-Maçonnerie (apprenti, compagnon et maître) qui forment ce que l'on appelle les "loges bleues".

C'est au niveau des degrés supérieurs (apanage des Francs-Maçons confirmés) que des divergences apparaissent ; toutefois, le Rite Écossais Ancien et Accepté (R.E.A.A.) est le plus pratiqué.

Les principales obédiences maçonniques françaises citées ci-après (liste non exhaustive) sont classées par ordre d'ancienneté. Le nombre d'adhérents étant sujet à polémique, chacune des obédiences ayant tendance à le "gonfler", le chiffre n'en est pas donné. Quant au nombre de loges, il est approximatif, et nous nous excusons auprès des obédiences si nous l'avons sous-évalué.

GRAND ORIENT DE FRANCE

Fondé en 1773, le Grand Orient de France (G.O. ou G.O.D.F.) s'est surtout différencié des autres obédiences en refusant l'invocation au Grand Architecte de l'Univers, en 1877 (la phrase "*La Franc-Maçonnerie a pour principe l'existence de Dieu et l'immortalité de l'âme*" disparaissant des textes). Ce qui ne signifie pas, contrairement à ce que prétendent ses adversaires, que le Grand Orient de France prône l'athéisme ou l'anticléricalisme. Dans un total respect de la "liberté absolue de conscience" (qui figure en tête de sa Constitution), il accueille indifféremment croyants et athées.

Afin d'éviter les heurts entre diverses appartenances (politiques, syndicales...) de ses membres et afin de travailler sereinement à la recherche de la Vérité, le Grand Orient de France exige que chacun de ses membres laisse ses métaux (c'est-à-dire ses préoccupations profanes) à la porte des temples.

Outre cette liberté absolue de conscience, philanthropie, philosophie et idée de progrès constituent les fondements de l'engagement maçonnique du G.O.D.F. et de ses membres. Première obédience nationale, le G.O.D.F. est une fédération de rites. Si le rite français y est majoritaire, le rite écossais, le rite écossais rectifié et le rite français "moderne" y sont pratiqués.

Le G.O.D.F. n'initie pas les femmes, mais les reçoit durant ses tenues, comme les Maçons, Frères et Sœurs, des autres obédiences.

Le Grand Orient de France compte environ 850 Loges ; il est présent en Afrique, en Amérique du Nord et en Europe centrale, et édite la revue *Humanisme*.

RITE ANCIEN ET PRIMITIF DE MEMPHIS-MISRAÏM

L'obédience maçonnique Memphis-Misraïm (O.M.M.) a été fondée en 1881, après la réunion, par Garibaldi, de deux obédiences, le *Rite de Misraïm* (Égypte en hébreu), constitué en 1788 par Cagliostro, et le *Rite de Memphis*, constitué en 1815 par des Maçons ayant suivi Bonaparte en Égypte.

Ses membres sont généralement considérés comme ceux qui étudient le plus profondément la symbolique et l'ésotérisme traditionnel. Les Francs-Maçons de Memphis-Misraïm se répartissent en France (une vingtaine de loges), en Europe et en Amérique latine. Ils travaillent à la Gloire du Grand Architecte de l'Univers et, se voulant les héritiers de traditions dont l'origine se trouve dans les temples de l'Égypte ancienne, ils étudient les mythes antiques, la kabbale et les sciences occultes.

Le Droit Humain

L'Ordre mixte français et international du Droit Humain a été fondé en 1893 par Maria Deraisme et Georges Martin. Maria Deraisme, femme de lettres connue pour son combat pour l'émancipation des femmes, est invitée à faire des conférences par le Grand Orient. Son initiation, en 1882, dans une loge du G.O., provoque une scission de cette loge. Devant l'impossibilité de s'imposer dans une obédience masculine, elle décide de créer la première loge mixte. Les débuts du D.H. sont difficiles, les obédiences - masculines - interdisant à leurs membres de fréquenter le D.H., et créant des loges d'adoption.

Le Grand Orient reconnaît officiellement le Droit Humain en 1921. Actuellement, parmi les hommes qui fréquentent le Droit Humain, nombreux sont ceux qui appartiennent également au Grand Orient.

Au Droit Humain (D.H.), première obédience maçonnique mixte, on observe le Rite Écossais Ancien et Accepté. Frères et Sœurs Francs-Maçons ont dans les Loges les mêmes droits et les mêmes obligations. L'obédience, qui est fortement implantée en province, et est présente dans plus de soixante pays, compte aujourd'hui 500 Loges qui travaillent sur les valeurs humaines et la dignité des êtres et refusent tous les intégrismes politiques et religieux.

GRANDE LOGE DE FRANCE

Autonome depuis 1894, la Grande Loge de France (G.L. ou G.L.D.F) travaille à la Gloire du Grand Architecte de l'Univers, et reconnaît l'immortalité de l'âme. Ses trois Lumières sont l'équerre, le compas, et le livre de la loi sacrée (généralement La Bible).

Non reconnue par la Grande Loge Unie d'Angleterre, comme le Grand Orient de France, la Grande Loge de France travaille à la recherche de la Vérité et exige pareillement que chacun de ses membres laisse ses métaux à la porte des temples avant d'y entrer. Fidèle à la tradition maçonnique du christianisme ésotérique, elle est attachée à la tolérance et s'interdit toute participation à des controverses touchant à des questions politiques ou confessionnelles.

On y pratique surtout le Rite Écossais Ancien et Accepté. La G.L., qui fut à l'origine des Loges d'adoption (féminines) n'admet toutefois pas de femmes dans ses tenues.

La Grande Loge de France compte environ 600 loges, et édite le périodique *Point de Vue Initiatique*.

GRANDE LOGE NATIONALE FRANÇAISE

La Grande Loge Nationale Française a été fondée en 1913 (sous le nom de Grande Loge Nationale Indépendante et Régulière) dans un mouvement de réaction contre l'athéisme supposé du Grand Orient de France, et son engagement politique qui lui fait abandonner une partie de ses travaux symboliques. Elle travaille à la Gloire du Grand Architecte de l'Univers, et est la seule obédience française reconnue par la Franc-Maçonnerie anglaise.

En 1958, des membres de cette obédience voulurent se libérer de cette tutelle anglaise et par une scission créèrent la Grande Loge Nationale de France Opéra. En 1964, une scission, intervenue cette fois à la Grande Loge de France, amena de nouveaux adhérents à la Grande Loge Nationale de France, qui compte environ 900 Loges. Les adhérents n'ont pas l'autorisation de fréquenter (sous peine d'exclusion) les ateliers d'autres obédiences, non reconnues par la Maçonnerie anglaise. La G.L.N.F. a ouvert des ateliers en Afrique francophone, en Espagne et au Portugal.

Le Rite Écossais Rectifié, qui est pratiqué aux trois premiers degrés, prône la croyance en Dieu et en sa volonté révélée, ce dont se félicite l'Église catholique romaine, qui entretient de bien meilleurs rapports avec la G.L.N.F. qu'avec les autres obédiences. Les femmes ne sont pas admises aux tenues de la G.L.N.F.

GRANDE LOGE FÉMININE DE FRANCE

À la manière dont les premières loges féminines d'Adoption furent issues du Grand Orient de France, la Grande Loge Féminine de France (G.L.F.F.) est née de Grande Loge de France en 1945 et travaille à la Gloire du Grand Architecte de l'Univers. La Grande Loge Féminine de France possède un Suprême Conseil et veille tout particulièrement au rôle des femmes dans la société moderne. Bien que peu reçues dans les Loges masculines, les Sœurs Franc-Maçonnes acceptent cependant que des Frères d'autres obédiences participent à leurs travaux.

Avec près de 300 Loges, c'est aujourd'hui la première obédience féminine mondiale. La G.L.F.F. a connu un important essor dans les années quatre-vingt, et s'est implantée sur tous les continents, notamment en Afrique, en Amérique latine et en Europe de l'Est. Les travaux des loges, où est pratiqué principalement le Rite Écossais Rectifié, sont semblables à ceux des fédérations masculines, les idéaux - justice, tolérance, humanisme - identiques. Les Sœurs, en tenue, portent une robe noire.

Grande Loge Symbolique et Traditionnelle Opéra

Fondée en 1958 par des Francs-Maçons en provenance de la Grande Loge Nationale de France, sous le nom de Grande Loge Nationale de France Opéra. En 1982, afin d'éviter toute confusion avec l'obédience dont elle s'est séparée, elle prend le nom de Grande Loge Symbolique et Traditionnelle (G.L.S.T.), dite Opéra. Spiritualiste et libérale, elle se distingue de sa loge mère en ce qu'elle est agnostique et n'exige pas de ses membres la croyance en Dieu mais seulement l'acceptation d'un principe créateur universel. La tradition chrétienne n'y est étudiée qu'en tant que patrimoine culturel et initiatique. Elle entretient les meilleures relations avec les autres obédiences.

Le Rite Écossais Rectifié en est le rite officiel, mais d'autres rites sont aussi pratiqués dans la bonne centaine de loges que compte cette obédience. À la différence de ceux de la Grande Loge Nationale de France, les membres de la Grande Loge Nationale de France Opéra peuvent selon leurs souhaits se déplacer et visiter les Loges des autres obédiences.

LOGE NATIONALE FRANÇAISE

Fondée en 1968 à la suite d'une scission de la G.L.T.S. Opéra, la Loge Nationale Française (L.N.F.), qui reste attachée à l'ésotérisme chrétien, n'est pas dirigée par un Grand Maître, mais par une commission administrative, pratique dans ses ateliers plusieurs rites, dont le Rite Français Traditionnel. Elle se veut exclusivement initiatique, spirituelle et traditionnelle.

Grande Loge Mixte Universelle

La Grande Loge Mixte Universelle (G.L.M.U.) créée en 1973 à la suite d'une scission au sein du Droit Humain, auquel il était reproché d'être infidèle au féminisme militant des fondateurs, s'inscrit dans le courant de la Maçonnerie libérale, *s'engage à diffuser l'idéal laïque*, et *honore également le travail manuel et intellectuel quand ils épanouissent l'être humain.* Dans la trentaine de loges de l'obédience on pratique le Rite français et le REAA.

Ordre Initiatique et Traditionnel de l'Art Royal

Fondé en 1974 par des Maçons du Grand Orient, l'Ordre Initiatique et Traditionnel de l'Art Royal (O.I.T.A.R.) pratique le Rite Opératif de Salomon : ce rite a la particularité de favoriser l'oral (les planches écrites sont bannies). L'Ordre comporte une majorité de loges mixtes et est implanté surtout à Paris et dans la région Côte d'Azur, ainsi qu'aux Antilles. Il compte environ une trentaine de Loges.

GRANDE LOGE FÉMININE DE MEMPHIS-MISRAÏM

Fondée en 1981, un siècle après l'obédience Memphis-Misraïm, dont elle est issue, la Grande Loge Féminine de Memphis-Misraïm est la seule obédience féminine légitime de ce Rite. Comme son homologue masculin (dont elle est indépendante), la G.L.F.M.M. travaille à la Gloire du GADLU et étudie les sciences antiques. Les Sœurs, en tenue, portent une robe blanche avec des décors turquoise.

GRANDE LOGE MIXTE DE FRANCE

Constituée en 1982, la (G.L.M.F.) née d'une scission de la Grande Loge Mixte Universelle pratique principalement le Rite français, et se veut l'héritière de la Grande Loge Mixte Française, créée en 1913 et disparue pendant la Première Guerre mondiale. Son Règlement Général s'inspire de celui du Grand Orient de France et le principe de laïcité figure dans l'article Ier de sa Constitution. Ses Frères et Sœurs se répartissent dans une soixantaine de Loges.

DICTIONNAIRE DE SYMBOLIQUE MAÇONNIQUE ET DES FRANCS-MAÇONS CÉLÈBRES

A

ABRÉVIATIONS MAÇONNIQUES

Façon d'écrire utilisée par les Francs-Maçons, consistant à n'employer qu'une ou deux lettres d'un mot. Ce procédé, appelé apocope, très fréquent chez les Grecs et chez les Romains, écriture lapidaire, consiste à supprimer une ou plusieurs lettres d'un mot pour les remplacer par trois points à la suite ou, pour les Francs-Maçons, par trois points en triangle. Ce type d'abréviation est utilisé dans la correspondance maçonnique, où le Grand Architecte de l'Univers devient le G… A… D… L… U…, un Très Cher Frère, un T… C… F…, une Très Chère Sœur, une T… C… S…, une Respectable Loge, une R… L…, et un Très Illustre Frère, un T… I… F… Dans le cas où les mots sont plus difficiles à deviner ou peuvent avoir plusieurs sens, il est d'usage d'employer la première syllabe. Ainsi un Apprenti s'écrit Ap…, et un Compagnon, Comp… On remarquera qu'il suffit de

doubler les initiales pour obtenir le pluriel, de sorte que le mot Frères donne FF…, Respectables Loges, RR… LL… ; cependant, en signe de déférence, on écrit pour de Très Illustres Frères, TTT… LLL… III…, en triplant chacune des lettres concernées.
Autre marque du secret très employée par les Francs-Maçons des États-Unis, le double prénom permet d'inscrire trois initiales, de telle sorte que Franklin Delano Roosevelt peut s'écrire par F… D… R… et signaler ainsi son appartenance.

ABSENCE

En acceptant l'initiation, les nouveaux frères s'engagent à respecter les devoirs maçonniques : l'un des premiers est l'assiduité.
Chaque membre qui ne peut se rendre à la réunion habituelle de sa loge doit au préalable s'excuser et présenter une raison sérieuse auprès d'un Frère, qui se chargera de l'excuser et de verser pour lui son obole dans le Tronc de la Veuve.
Quatre absences successives sans motif peuvent entraîner la radiation du négligent.

ACACIA

Cet arbre que l'on rencontre dans toutes les régions est le symbole de la Connaissance maçonnique et montre l'appartenance des Frères à un ordre initiatique. Avec son bois réputé imputrescible, symbolisant l'immortalité, l'acacia montre par ses épines protégeant sa fleur que les difficultés et les épreuves de l'expérience humaine peuvent apporter la sagesse à ceux qui suivent courageusement la voie initiatique. La fleur jaune de l'acacia illustre la lumière du soleil, c'est-à-dire le principe de la vie sur la terre et dans le ciel.

C'est pourquoi les papyrus égyptiens affirment que c'est sous un acacia, arbre sacré, que seraient nés les dieux, en particulier Horus, le symbole même de la lumière victorieuse des ténèbres.

Arbre de guérison utilisé aussi dans les rituels funéraires, l'acacia, arbre initiatique, marquait le passage entre le monde sensible et le monde invisible. Osiris, dieu de la végétation et de la prospérité, était coiffé d'une couronne blanche constituée primitivement de branches d'acacia épineux.

En souvenir de ses souffrances, les Égyptiens participaient à ses processions en portant une couronne d'épines tressée. Couronne d'épines qui fut aussi placée sur la tête du Christ. Sans doute est-ce depuis ce temps que l'acacia symbolise chez nous la victoire et le terme des épreuves terrestres. Dans l'art roman, l'acacia indique la connaissance des initiés et la victoire spirituelle.

Selon la légende maçonnique, c'est grâce à une branche d'acacia plantée sur sa tombe (par un Compagnon assassin, au niveau du nombril) que fut retrouvé le corps d'Hiram, architecte du temple de Salomon, après qu'il eut été assassiné par trois mauvais compagnons. Cette symbolique alliant l'initiation et la continuité des cycles de vie fait de l'acacia l'emblème type de la Franc-Maçonnerie.

ACCEPTATION

Au XVIIe siècle, en Angleterre, pendant la période de transition, des hommes étrangers aux métiers des compagnons ont été acceptés dans les loges des maçons opératifs.
Ils étaient admis en fonction de leur valeur morale. Ces maçons acceptés furent de plus en plus nombreux dans les ateliers, où ils travaillaient de façon spéculative, c'est-à-dire philosophique, plutôt qu'opérative et manuelle.

ACCLAMATIONS

Cri rituel et ternaire, c'est-à-dire repris trois fois, entonné par les participants lors d'une tenue, après le signe et la batterie du grade. Au Rite Écossais, les acclamations sont constituées des mots *Huzza! huzza! huzza!*, du vieil anglais *huzzah* signifiant "Vive le Roi", lui-même déformation phonétique du "Hourra" poussé par les Francs-Maçons français heureux de quitter le monde profane, avec ses vicissitudes et ses passions, pour le calme et la sérénité de

leurs ateliers.
Notons aussi que dans la langue hébraïque, le mot *Oza* signifie “Force”. Au Rite Français pratiqué généralement par le Grand Orient de France, ce cri est remplacé par la devise républicaine *Liberté ! Égalité ! Fraternité !*
Les Francs-Maçons observant le Rite Français Ancien utilisaient une exclamation latine et criaient : *Vivat, Vivat, Semper Vivat* (Qu'il vive, qu'il vive, qu'il vive toujours !), faisant ainsi référence à Maître Hiram, mort assassiné mais ressuscité dans les Maîtres Maçons devenus à leur tour des rameaux d'acacia toujours vivaces.

ACCOLADE

Triple embrassade et signe de fraternité que les Frères échangent en diverses occasions, lors de retrouvailles ou pendant leurs tenues rituelles. Quand un profane vient d'être initié, il reçoit immédiatement la triple accolade de la part de tous les membres de sa nouvelle loge. Plus qu'une simple salutation, l'accolade, qui connaît quelques variantes suivant les différents rites, a ses origines dans les pratiques de la chevalerie qui les utilisaient rituellement, mais aussi dans le “Baiser de Paix” que se donnaient mutuellement les premiers chrétiens en signe d'amitié et de reconnaissance.

ADEPTE

Étymologiquement, *Celui qui est arrivé*. L'adepte est celui qui a réussi les épreuves de l'initiation et se trouve en mesure de comprendre le message ésotérique qui lui est alors transmis.

La qualification d'adepte était jadis utilisée pour désigner les alchimistes dans des locutions telles qu'*Adepte de l'Art Royal*, ou *Adepte de la Science d'Hermès*.

Le mot adepte peut aussi s'appliquer à quiconque suit humblement et avec rigueur un art particulier, une discipline spirituelle ou initiatique individuelle.

ADJOINT

L'adjoint assiste, ou remplace en cas d'absence, un Officier en titre à l'exception du Vénérable et des deux Surveillants.

ADOPTION

Nom donné aux premières loges mixtes créées en 1774, dans lesquelles les femmes étaient adoptées durant une partie des travaux par les Frères qui refusaient cependant de partager avec leurs Sœurs la totalité de leurs travaux et secrets initiatiques.

Voltaire fut initié en 1778 dans la plus célèbre des loges d'adoption, nommée les *Neuf-Sœurs*. Le mobi-

lier et les boiseries de cette loge sont conservés à Paris dans l'immeuble du Grand Orient.
La Grande Loge de France refusa jusqu'au milieu du XXe siècle la présence de femmes dans les loges de son obédience.

AFFAIRE DES FICHES

En 1901, on apprit que les militaires de l'état-major étaient fichés en fonction de leur appartenance à la Franc-Maçonnerie et catalogués suivant leurs sentiments républicains.
Ce classement fut réalisé sur les ordres du général André, un non-initié qui voulait simplement s'assurer de la bonne tenue républicaine de ses troupes, car il y avait encore de nombreux monarchistes et antirépublicains dans l'armée de la troisième République.
En réalité, deux fichiers furent créés. L'un, nommé *Carthage*, comportait la liste des officiers douteux, et l'autre, nommé *Corinthe*, celle de l'élite républicaine. Malheureusement pour lui, le Grand Orient de France participa à l'élaboration des fichiers bien que de nombreux Frères aient refusé d'établir de telles listes, qui ne comportaient pas moins de vingt mille noms.
Le scandale éclata en 1904, lorsque l'un des secrétaires du Grand Orient de France vendit une copie des fichiers au député nationaliste Guyot de

Villeneuve, qui dénonça aussitôt le scandale à la Chambre des députés. Au cours d'une séance houleuse d'octobre 1904, le ministre de la Guerre fut giflé par un député monarchiste.
Lorsque ce ministre se suicida (pour une tout autre raison), on s'empressa d'en faire porter la responsabilité aux Francs-Maçons, qui n'y étaient pour rien. Ce scandale fit tomber le gouvernement Combes tandis que le grand public, déjà sensibilisé par les romans anti-maçonniques de Léo Taxil, associa la Franc-Maçonnerie à une société secrète ne rêvant que de puissance et de pouvoirs.

AFFILIATION

Adhésion d'un Frère à une Loge différente de celle où il fut initié. Cette dernière se nomme dès lors la Loge mère. Lorsqu'un Frère veut fréquenter un atelier autre que celui de son initiation, il doit prouver sa qualité maçonnique, répondre à une enquête succincte et attendre le résultat d'un vote qui fera de lui un nouveau maillon de sa loge d'adoption.
Un Frère peut toutefois rester visiteur d'une Loge pendant des années et fréquenter librement un atelier autant de fois qu'il le désire. Deux loges, à court de membres et dont les Frères ne sont pas assez nombreux pour ouvrir les travaux, peuvent se jumeler afin que le nombre des Frères présents permette l'ouverture de ces travaux.

AGAPES

Du grec *agapê*, signifiant amour divin ou fraternel. Les premiers chrétiens utilisaient ce terme lorsqu'ils se rencontraient et partageaient un repas fraternel.
Depuis, le terme est resté pour toute collation prise entre Francs-Maçons après que les travaux de loge sont terminés et avant de se séparer. Des agapes rituelles s'organisent régulièrement au moment des solstices d'hiver et d'été. Une fois l'an, un repas spécial ponctué de santés (voir ce mot) et de séquences rituelles, que l'on nomme *Banquet d'Ordre*.
Les Agapes possèdent un rituel et une fonction symbolique précise et visent de plus à renforcer les liens d'amitié et de fraternité qui unissent les membres d'une Loge.

ÂGE

À chaque grade correspond un âge symbolique, qui va de 3 ans à sept fois 7 ans, et même jusqu'à 500 ans, selon les obédiences et les Rituels utilisés.
La progression des âges varie en relation des niveaux initiatiques et symboliques concernés. Raison pour laquelle connaître l'âge initiatique d'un Maçon équivaut à connaître son grade. C'est ainsi qu'un apprenti à qui l'on demande son âge répond *J'ai 3 ans*, qu'un compagnon déclare *avoir 5 ans*
et un Maître *7 ans et plus*…

Au-delà des trois grades fondamentaux se trouvent entre autres le Maître Secret, dont l'âge est de *trois fois 27 ans*, le Chevalier de l'Arche Sacrée : *63 ans accomplis*, le Grand Élu de la Voûte Sacrée : *27 ans accomplis*, le Chevalier Rose-Croix : *33 ans*, le Grand Élu Chevalier Kadosh : *un siècle et plus*.

AIR

L'Air est l'un des quatre éléments figurant dans les épreuves initiatiques de tous les rituels.
Il illustre l'esprit et le mouvement, c'est-à-dire le Verbe créateur et la pensée humaine (dans la gnose), mais symbolise aussi la communication entre les hommes et les cieux.
Symboliquement, se purifier par l'air consiste en Maçonnerie à libérer son mental afin d'entrer dans les voies élevées de la recherche philosophique.
L'Air correspond aussi naturellement à la respiration, donc à la bonne santé physique et morale de l'initié.

AJOURNEMENT

Un profane frappant à la porte du Temple Maçonnique n'est pas obligatoirement élu après avoir répondu aux enquêtes et traversé les épreuves rituelles. Cependant, ne le jugeant pas encore prêt, les membres de l'atelier peuvent lui proposer de repasser ces épreuves s'ils considèrent qu'il y a en lui suffisamment de qualités pour devenir un jour un initié. Un délai de six mois ou d'un an lui est laissé afin d'approfondir sa réflexion sur la Franc-Maçonnerie et sur lui-même, et de renforcer sa détermination, ou d'abandonner son projet.

ALCHIMIE

La Franc-Maçonnerie vise à former des Initiés, c'est-à-dire des hommes dans la plus belle acception du mot. Le Maçon doit donc opérer sur lui-même une transmutation semblable à celle des alchimistes.
Les Francs-Maçons sont peut-être les derniers alchimistes, au moins sur les plans spirituel et initiatique. S'ils ne fabriquent pas de pierre philosophale ni ne transmutent aucun métal, les Adeptes contemporains, ou Frères, ne recherchent dans leurs temples qu'à transformer le plomb du vieil homme en or du nouvel initié, à travailler la pierre brute (*materia prima*) pour la rendre propre (pierre philosophale parfaite), à entrer dans la construction du temple idéal de l'humanité.
Seuls les cabinets de réflexion dans lesquels le Franc-Maçon passe la première épreuve de son initiation présentent des symboles alchimiques spécifiques. C'est notamment le cas de la maxime V.I.T.R.I.O.L *Visita Interiora Terræ Rectificandoque Invenies Occultum Lapidem*, c'est-à-dire “Visite l'in-

térieur de la terre et en rectifiant tu trouveras la Pierre Occulte (Pierre cachée des sages)" : cette devise des alchimistes opératifs fut aussi celle des mystiques et des Rosicruciens qui associèrent alchimie et quête spirituelle.
Dans le cabinet de réflexion, on remarque encore d'autres symboles alchimiques tels que le coq, illustrant le mercure alchimique. Physiquement et symboliquement, soufre, sel et mercure sont présents près du profane, afin de lui montrer qu'il possède en lui tous les éléments nécessaires à sa transmutation et qu'il doit simplement les utiliser à bon escient.
Soufre, sel et mercure correspondent aux trois phases alchimiques, putréfaction, coagulation et dissolution, illustrant respectivement la mort, la résurrection et l'exaltation.

ALLUMAGE DES FEUX

Première tenue d'une Loge venant d'être créée. Un haut dignitaire de l'Ordre la dirige suivant un rituel bien précis.
On peut aussi rallumer les feux d'une Loge, éteints pour différentes raisons (guerre, décès, abandon de la Loge). Dans la plupart des obédiences les loges ont un numéro distinctif. Si une Loge renaît, elle reprend le numéro qu'elle avait initialement.

ALPHA ET OMEGA

Première et dernière lettres de l'alphabet grec. Symbole du début et de la fin, de l'origine et du but à atteindre. Dans l'Apocalypse de saint Jean (chapitre I, verset 8), le Seigneur Dieu déclare *Je suis l'Alpha et l'Oméga, celui qui est, qui était et qui vient…*

ALPHABET

À l'origine, l'alphabet maçonnique devait permettre aux Maçons d'entretenir des correspondances secrètes et inconnues des profanes (et de la police). Avec l'aide de la grille (voir ci-dessous), on obtenait des lettres-cases où le J, le K et le V étaient respectivement remplacés par l'I, le C et l'U. On retrouve l'al-

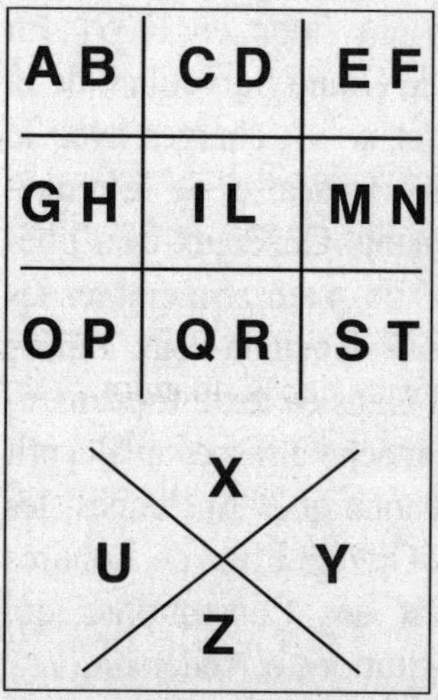

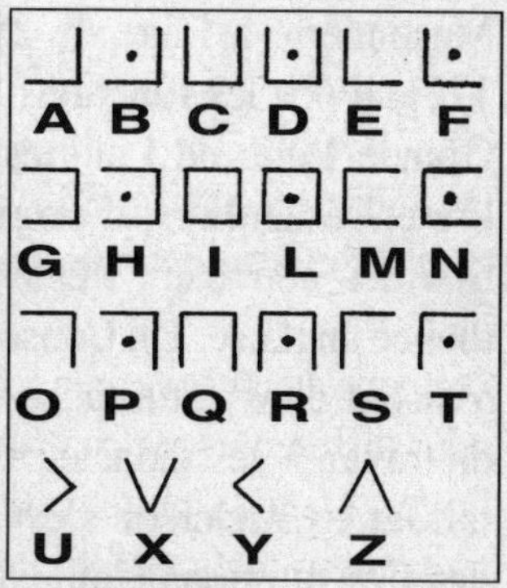

Alphabet maçonnique : à gauche, la grille de codage, ci-dessus, les signes et leur équivalence.

phabet maçonnique sur des tableaux de loges, mais pas dans les correspondances entre Maçons, lesquelles sont déjà, par l'emploi des seules abréviations (voir ce mot) déjà absconses pour les profanes.

AMENDE

Même en Franc-Maçonnerie il existe des amendes imposées aux Frères ou aux Loges ayant gravement manqué au règlement de l'Ordre ou de l'Atelier.
Le montant de celles-là est toujours versé au tronc de la veuve, et destiné à des œuvres caritatives diverses.

ANDERSON JAMES

Pasteur presbytérien né à Aberdeen, initié à la Franc-Maçonnerie à l'âge de 25 ans (mort en 1739). En 1721, il prit les fonctions de Grand Surveillant de la Grande Loge de Londres et se vit charger avec le Frère Désaguliers, d'origine française, de la rédaction des nouveaux Règlements Généraux de l'obédience anglaise. Un Conseil de quatorze membres les assistait dans cette tâche qui demanda deux années de travail à ses rédacteurs. Dans ce texte fondamental, James Anderson s'est attaché à respecter l'esprit des Constitutions Compagnonniques Anciennes, les *Old Charges*. En 1723, la Grande Loge de Londres approuva le texte définitif des Constitutions qui depuis sont appelées Constitutions d'Anderson.

APPRENTI

Premier degré du chemin ouvert par l'Initiation, dont l'âge symbolique est de trois ans. L'apprenti siège sur la colonne du Nord, le côté nocturne et lunaire réservé à la méditation et à l'enseignement, sous l'œil du second surveillant qui dirige cette partie (gauche) de la loge. L'apprenti porte un tablier de couleur blanche formé d'un carré surmonté d'une bavette triangulaire pointe en l'air. Pendant les travaux de son atelier, la bavette est relevée car, symboliquement, l'apprenti a besoin de protection.

Durant sa première année de présence en Loge, l'apprenti doit écouter, recenser et approfondir les significations de l'ensemble des décors et symboles qui parent les murs de son atelier, et faire l'effort de se taire. Il ne sera pas autorisé à prendre la parole pendant ce temps d'enseignement.

Dès son admission en Loge, le nouvel initié est confronté à un univers différent, qu'il a désiré mais dont il ne sait rien ou peu de choses. Ce qu'il découvre peut aussi bien l'aveugler que l'éclairer, suivant le principe symbolique de la foudre de Zeus qui initiait ou consumait ceux qu'elle touchait.

C'est donc totalement libre que l'apprenti débute sa quête maçonnique. Lui seul sait ce qu'il recherche réellement, ce dont il a besoin et ce que les autres Frères pourront lui apporter, en plus de l'esprit fraternel. Les premières années maçonniques se partagent entre la joie d'appartenir à une société qui a

compté parmi les siens les plus grands esprits, et la difficulté de parvenir aux buts qu'elle se fixe, c'est-à-dire la recherche du bien, physique, intellectuel et moral de ses membres et de l'humanité.
C'est pourquoi le Franc-Maçon sera toujours un apprenti, dans cette recherche jamais terminée mais volontairement consentie. L'apprenti maçon est semblable au Bateleur, premier arcane du tarot de Marseille, montré en possession de tous les éléments nécessaires pour mener à bien son jeu dans sa vie terrestre et spirituelle.

ARMSTRONG LOUIS

(1900-1971) Trompettiste noir, grand jazzman de son temps. Homme de cœur à l'immense talent, il était l'un des représentants de la Maçonnerie noire américaine. Son œuvre, inspirée des chants et du rythme utilisé par ses ancêtres esclaves, se voulait un message d'espoir, de bonheur et de paix.

ART ROYAL

Ensemble des connaissances symboliques contenues dans l'enseignement maçonnique. L'Art Royal fait référence à l'alchimie, qu'il transcende sur le plan spirituel. L'Art Royal rappelle les secrets de construction des Compagnons ainsi que leur Maître, le roi Salomon. Maîtrisé, cet Art permet au Franc-Maçon d'atteindre la plénitude de ses capacités et connaissances.

Oswald Wirth définit ainsi l'Art Royal : *C'est un secret religieux que se transmirent à l'origine les constructeurs, secret qui cessa d'être orthodoxe lorsque le christianisme triomphant ne toléra plus d'autre dogme que le sien. Il devint alors prudent de s'abriter derrière Salomon, pour rendre moins suspectes les traditions architecturales christianisées. Celles-ci constituèrent plus tard l'Art Royal en souvenir du fils de David, terme qui, au* XVIIIe *siècle, devint synonyme de Franc-Maçonnerie, d'autant que les Francs-Maçons modernes prétendaient se borner à construire spirituellement. Faisant appel à la légendaire sagesse du roi biblique, ils ambitionnent d'ériger le temple immatériel de l'Humanité future, instruite intellectuellement et devenue sage en son vaste ensemble.*

ASSIDUITÉ

Une des premières obligations des Frères. Les absences (voir ce mot) doivent être justifiées et excusées par un Frère mandaté qui fournira une obole au tronc de la Veuve à la place de l'absent. Un manque trop important d'assiduité (quatre absences sans excuse) peut entraîner la radiation d'un membre de l'atelier, quels que soient son grade et son ancienneté.

ATELIER

Synonyme de Loge et de tout groupe de Francs-Maçons travaillant de façon rituelle.
Ce nom a pour origine les ateliers dans lesquels les Compagnons opératifs, tailleurs de pierre ou charpentiers travaillaient au Moyen Âge.
Les Francs-Maçons font de même dans un local aménagé et paré de symboles traditionnels. Ce local, sacralisé par l'allumage des feux, devient, l'espace d'une Tenue, un lieu réservé au labeur maçonnique. Ouvert par un *rituel d'ouverture*, l'atelier maçonnique retourne au monde profane par un *rituel de fermeture* lorsque les travaux sont achevés.
L'ensemble des Frères participant au travail de la Loge pendant une Tenue est parfois appelé Atelier. C'est ainsi que l'on peut mettre *l'Atelier en récréation* et interrompre momentanément les travaux en cas de nécessité.

ATHANOR

Sorte de four en usage au Moyen Âge, l'athanor représente l'outil alchimique par excellence, le lieu où le feu transforme la matière que l'homme a longuement préparée. C'est dans l'athanor que s'élabore l'Œuf (Œuvre) contenant les principes vitaux d'une nouvelle création. Symboliquement, l'atelier, comme l'athanor, représente le creuset où s'opèrent

les changements moraux et intellectuels.
On peut le comparer au cabinet de réflexion dans lequel les profanes méditent et meurent symboliquement avant d'être initiés.

ATTOUCHEMENTS

Signes de reconnaissance que les maçons échangent, souvent lors d'une poignée de main, par une pression du pouce sur certaines parties de la main. Les attouchements changent et deviennent plus complexes selon les différents grades. On peut observer que ces signes de reconnaissance sont utilisés traditionnellement depuis la plus haute Antiquité.
Pour les Grecs, comme pour les Égyptiens et les Celtes, chaque doigt était attribué à un dieu, car les doigts expriment toujours une activité et une énergie. Ne sont actifs que les doigts ouverts, tendus ou rayonnants.

AUTEL

Plateau situé devant le Vénérable et sur lequel on dispose les Trois Grandes Lumières.
Au Rite Écossais, on place devant l'autel la Bible ouverte au prologue de l'Évangile de Jean, débutant par *Au commencement était le Verbe*..., tandis qu'au Rite Français la Constitution occupe cette place.
Tout texte contenant un enseignement sacré et huma-

niste peut être ainsi disposé, selon le rite d'une Loge ou d'une Obédience. Sur cet ouvrage sont placés l'équerre et le compas, différemment disposés suivant les grades des Frères présents.

AYMON

Fils légendaire d'Hiram. Premier Grand Maître après lui.

B

BANDEAU

Masque de velours opaque que l'on place sur les yeux de l'impétrant lorsqu'il vient défendre sa candidature et répondre aux questions que lui pose la Loge. Le bandeau est nécessaire car le profane ne doit pas reconnaître ceux qui l'interrogent afin de ne pas être perturbé dans ses réponses et aussi pour qu'il ignore l'identité de ceux qui l'interrogent, au cas où sa candidature ne serait pas retenue.
Reçu dans la Loge, il est également préférable qu'il ne puisse voir des décors et des symboles dont il ne connaît pas la signification. Sur le plan symbolique, le fait de perdre le sens de la vue dynamise et aiguise les autres sens, notamment l'ouïe. D'autre part, le profane n'ayant pas reçu la lumière, ne peut participer visuellement au nouveau milieu qui l'accueille.
Lors de son initiation, le profane est sous le bandeau. Les paroles rituelles qu'il entend prennent alors une autre dimension et plus de retentissement. Pour se déplacer, il doit s'appuyer sur des Frères qui le gui-

dent lors de ses *voyages* initiatiques. Déplacements qui lui donnent l'impression d'évoluer dans un labyrinthe. Dès qu'il est initié, on lui retire son bandeau, afin que, dans la lumière vive de la Loge, il ressuscite d'une mort symbolique. Il est passé des ténèbres à la lumière. Une nouvelle vie commence.

BANNIÈRE

Enseigne de l'atelier généralement faite de soie de couleur. Sur elle sont brodés le nom, le numéro, la date de l'allumage de ses feux et la devise de l'atelier ainsi que quelques symboles indiquant l'idéal que se sont fixé les Frères fondateurs de la Loge.

BANQUET D'ORDRE

Grand repas rituel ayant lieu deux fois par an aux solstices d'été et d'hiver. Pendant ces repas exceptionnels et obligatoires, les Frères d'un atelier se restaurent en tenue d'ordre, tous revêtus de leur tablier, et suivent un rituel de table précis, ponctué de nombreuses santés levées à la Patrie, à l'Ordre, au Vénérable et à l'Atelier…

Moins solennels qu'une tenue normale, les banquets maçonniques se déroulent cependant rituellement et ont aussi pour fonction de resserrer les liens entre tous les Frères. Lors des banquets, un vocabulaire spécifique était employé au XIXe siècle, héritage de la

"Maçonnerie militaire" implantée par Napoléon Ier, lequel encourageait la création de Loges dans ses armées afin d'obtenir, par le biais de la Fraternité maçonnique, davantage de cohésion et de discipline entre ses officiers.

Les ustensiles de banquet étaient ainsi désignés :

— pain : *pierre brute.*
— table : *atelier,* ou *planche à tracer.*
— serviettes : *drapeaux.*
— nappe : *grand drapeau.*
— assiette : *platines* ou *tuiles.*
— plats : *plateaux.*
— cuillères : *truelles,* ou *pelles.*
— fourchettes : *pioches.*
— couteaux : *glaives.*
— verres : *canons.*
— bouteilles : *barriques.*
— vin : *poudre rouge (ou blanche).*
— eau : *poudre faible.*
— liqueurs fortes : *poudre fulminante.*
— bougies allumées : *étoiles.*
— sel : *sable.*
— poivre : *sable jaune.*
— chaises : *stalles.*
— manger : *mastiquer.*
— boire : *faire feu.*
— chansons maçonniques : *cantiques.*

Lorsque le Vénérable propose une *santé*, les Frères doivent cesser de *mastiquer* et se mettent *à l'ordre de table* : ils posent la main gauche à plat sur la table, les quatre doigts serrés, le pouce écarté, le long du bord de la table, afin de former une équerre. La serviette doit être repliée et placée sur l'épaule gauche afin de tomber perpendiculairement à l'épaule (selon certains rituels, les apprentis et les compagnons doivent porter cette serviette sur le bras gauche. Certaines santés peuvent aussi se porter debout, le glaive (couteau) à la main gauche…).

BARTHOLDI AUGUSTE

(1834-1904) Sculpteur français de la statue de la Liberté offerte par la France aux États-Unis d'Amérique et placée à l'entrée du port de New York. Cet artiste de talent voulait exprimer ses sentiments patriotiques et ses convictions humanistes à travers ses œuvres. Outre *la Liberté éclairant le Monde*, Bartholdi a sculpté, dans un seul bloc de pierre, le *Lion de Belfort*, œuvre puissante commémorant le combat contre l'Allemagne en 1870.

BATTERIE

Applaudissements rituels, selon une cadence particulière à chaque grade. Trois coups pour les apprentis, cinq coups pour les compagnons et neuf coups pour les maîtres, qui précèdent les acclamations et ponctuent les différents travaux de la loge. Les batteries peuvent être d'allégresse de salutation ou de deuil.

Une coutume récente veut que l'on répète, en chambre d'apprenti, les batteries selon l'expression *Triple et Chaleureuse Batterie.*
Symboliquement, cela constitue une erreur puisque le triplement rituel est réservé au grade de maître. Selon les rites utilisés, la manière de frapper les coups des batteries varie, notamment les trois coups du grade d'apprentis, répartis uniformément au Rite Écossais, alors que le Rite Français frappe deux coups rapprochés et un coup espacé.

BEAUCHÊNE, Chevalier de

Premier Maçon du Grand Orient de France à souhaiter la création de Loges féminines en 1744. Celles-ci furent créées sous le nom de Loges d'adoption.

BEAUTÉ

Nom que l'on donne à la troisième des trois Lumières ou à la troisième des trois colonnes (ou piliers) du temple maçonnique. La première étant la *Sagesse* et la seconde la *Force*.

BELZONI GIOVANNI

(1778-1823) Voyageur et érudit italien, un des pères de l'égyptologie moderne.

BESANT ANNIE

(1847-1933) Une des fondatrices de la Société de Théosophie. Avec Hélène Blavatsky, Annie Bésant fut l'une des premières Sœurs à recevoir l'initiation du trente-troisième degré.

BIBLE

Le Livre sacré et obligatoire de la Franc-Maçonnerie Anglaise que l'on pose, au Rite Écossais, sur l'autel de la Loge, ouvert au prologue de l'Évangile de saint Jean. Cette présence a été longtemps un sujet de discorde entre les obédiences anglaises et le Grand Orient de France pour qui la liberté totale de conscience est un principe fondamental qui ne saurait être transgressé.

Pour de nombreux Francs-Maçons, la Bible représente le dogmatisme de certaines religions que des Hommes libres se doivent de refuser, si l'on considère que la Vérité peut se trouver partout et non pas dans un livre particulier ou dans une seule religion.

Chaque Frère est un chercheur de vérité ayant la possibilité de trouver librement sa Vérité où qu'elle se cache. D'autres Frères voient dans la Bible la présence des religions chrétiennes par trop hostiles à la Franc-Maçonnerie.

Cependant, la Bible recèle un enseignement traditionnel et fait pour cela partie intégrante du message maçonnique, comme le montre la légende de Maître Hiram, appelé par le roi Salomon pour l'édification du Temple de l'Éternel. Saint Jean utilise dans son Évangile un langage ésotérique d'initié qui reste encore aussi mystérieux pour la plupart des chrétiens que pour les Francs-Maçons.

En lieu et place de la Bible, des Francs-Maçons comme Oswald Wirth, Armand Bédaride ou Jules Boucher ont préconisé que soit placée sur l'autel une anthologie des textes les plus purs et les plus sacrés de l'humanité, afin que ce livre soit à l'image symbolique de la Maçonnerie et représente l'ensemble de la spiritualité humaine.

BIJOUX

Insignes particuliers des officiers des loges, des hauts grades et des dignitaires : équerre (Vénérable Maître), niveau (1er surveillant), perpendiculaire (2e surveillant). Ce sont des *bijoux mobiles*. Les *bijoux fixes* sont la pierre brute, la pierre taillée et la planche à tracer. Ces symboles s'appellent des bijoux car ils manifestent avec éclat ce que la Franc-Maçonnerie a de plus précieux.

Parce que les Francs-Maçons doivent impérativement *laisser les métaux à la porte du Temple*, aucun d'eux ne peut porter des bijoux maçonniques (médailles, décorations) dans les Loges, à l'exception des médailles maçonniques remises à un Frère, le récompensant pour ses travaux, son assiduité maçonnique ou pour ses qualités remarquables.

BLAVATSKY HÉLÈNE

(1855-1920) Auteur de la *Doctrine secrète.* Une des fondatrices de la Société de Théosophie. Avec Annie Besant, Hélène Blavatsky fut l'une des premières Sœurs à recevoir l'initiation du trente-troisième degré.

BOAZ

Nom de la colonne de bronze que fondit Hiram, et qu'il plaça à gauche de l'entrée du temple édifié par Salomon. Placée à l'occident de la Loge, cette colonne B, associée à la colonne J, marque aussi l'entrée des temples maçonniques (Voir colonne, Hiram, Jakin, Salomon).

BOLIVAR SIMON

(1782-1830) Vénézuélien né à Caracas. Pendant trente ans, Simon Bolivar dirigea les guerres de libération du continent sud-américain. Il se retira de la vie publique lorsqu'on l'accusa de tenter d'instaurer la dictature.

BONAPARTE JOSEPH

(1764-1844) Frère aîné de Napoléon Ier, roi de Naples de 1806 à 1808, puis d'Espagne de 1808 à 1813. Grand Maître de la Franc-Maçonnerie sous le règne de son frère cadet, il fut élu député de la Corse au Conseil des Cinq Cents en 1796.
Il aida Napoléon à réussir le coup d'État du 18 Brumaire puis, grand diplomate, négocia plusieurs traités de paix, dont ceux d'Amiens et de Lunéville.

BOULES

Dans les scrutins maçonniques, les boules servent à distinguer les votes positifs des votes négatifs. Le vote par boules blanches ou noires est fréquent bien que certains votes se fassent aussi à main levée, notamment pour les questions purement administratives ou de service. Un certain quota de boules noires entraînant un vote négatif, on utilise aussi dans le monde profane l'expression anglaise *blackbouler* pour signifier le rejet d'un projet.

BRIAND ARISTIDE

(1862-1932) Homme d'État français, Prix Nobel de la Paix en 1926. Avocat à Saint-Nazaire puis journaliste, il s'orienta vers le socialisme et le syndicalisme puis, à Paris, collabora au journal *La Lanterne* en

1893. Ses talents d'orateur lui valurent rapidement une grande notoriété et il devint secrétaire général et cofondateur, avec Jean Jaurès, du Parti socialiste.
En 1901, il entra au gouvernement comme ministre de l'Instruction publique, des Beaux-Arts et des Cultes, période pendant laquelle il participa à la loi de Séparation de l'Église et de l'État.
Rédacteur en chef de l'*Humanité* en 1904, il fut élu Président du Conseil pour la première fois en 1909, puis nommé 25 fois ministre, dont 17 fois ministre des Affaires étrangères, et onze fois Président du Conseil. On lui doit les accords de Locarno (1925) qui garantissaient la frontière franco-allemande sur le Rhin. Il reçut, en 1926, le prix Nobel de la paix puis rédigea, en 1930, un mémorandum sur l'Organisation d'un régime d'union fédérale européenne.

C

CABINET DE RÉFLEXION

Pièce obscure au décor macabre, dans laquelle le profane médite avant d'être admis aux épreuves de son initiation. L'impétrant qui s'y trouve enfermé est confronté à des objets symboliques tels que pain, sel, cruche d'eau, bougie et tête de mort afin de s'y préparer à mourir au monde profane pour renaître à une nouvelle vie initiatique.

Sa méditation s'effectue entre des murs peints en noir sur lesquels sont inscrites des maximes énigmatiques et parfois inquiétantes. Outre le fameux *Connais-toi toi-même* grec, on remarque encore : *Si la curiosité t'a mené ici, va-t'en ! Si ton âme a senti l'effroi, ne va pas plus loin ! Si tu persévères, tu seras purifié par les éléments, tu sortiras de l'abîme des Ténèbres, tu verras la Lumière !* et l'alchimique V.I.T.R.I.O.L., *Visista Interiora Terræ Rectificandoque Invenies Occultum Lapidem*, "Visite l'intérieur de la Terre et en rectifiant tu trouveras la Pierre Occulte."

Le Cabinet de réflexion est une survivance du séjour que les impétrants égyptiens puis grecs devaient passer de nuit, soit dans une crevasse de la terre soit dans la crypte d'un temple, ou enfermé dans un

Les symboles que le profane trouve, avant son initiation, dans le cabinet de réflexion.

cachot, dans le culte perse de Mithra. De même, le futur chevalier, avant son adoubement, devait passer la nuit en prières et souvent à genoux, sur la pierre d'une chapelle. Le cabinet de réflexion (sans s !) est ainsi un lieu sépulcral ayant une symbolique proche de celle de l'athanor, propice à la purification et aux métamorphoses. Les thèmes de la mort et de la résurrection constituent le fondement de la Maçonnerie initiatique.

CAGLIOSTRO

(1743-1795) Aventurier italien, occultiste, il fonda un Rite égyptien à l'origine de celui de Memphis-Misraïm, encore vivace de nos jours. Cagliostro, de son vrai nom Joseph Basalmo, fut élevé chez des religieux, et suivit des études de médecine avant de se passionner pour les sciences ésotériques.

Personnage fantasque, il s'attribua des titres et commit un certain nombre d'escroqueries qui l'obligèrent à quitter l'Italie. C'est ainsi qu'il parcourut l'Europe et s'y constitua un vaste réseau d'amitiés en utilisant son appartenance à différents milieux maçonniques. Se faisant passer pour un hiérophante, il prétendit être guérisseur, alchimiste, assura changer le plomb en or et prédire l'avenir.

Certains le considéraient comme un disciple de l'illustre Comte de Saint-Germain. Il s'installa à Paris en 1780 et y ouvrit une loge d'Adoption (mixte) nommée *l'Égyptienne*. Cagliostro trempa dans la célèbre affaire du collier de diamants de la reine et passa pour cela presque un an à la Bastille. Innocenté, il fut cependant expulsé vers l'Italie, où son appartenance à la Franc-Maçonnerie lui valut d'être condamné à mort.

La sentence fut commuée en emprisonnement à perpétuité. Cagliostro mourut dans les geôles vaticanes en 1795, sans doute assassiné, afin qu'il ne puisse témoigner, devant les troupes révolutionnaires françaises qui envahissaient l'Italie et allaient le délivrer, de l'iniquité de son procès. Alexandre Dumas s'est inspiré de sa vie pour écrire son *Joseph Basalmo*.

CAMBACÉRÈS JEAN-JACQUES RÉGIS de

(1753-1824) Duc de Parme, Second Consul en 1799, puis dignitaire d'Empire, il réorganisa l'institution judiciaire et prit une part importante dans l'élaboration du Code Civil. Avec Joseph Bonaparte, il dirigea la Franc-Maçonnerie du premier Empire.

CALENDRIER

Afin de marquer de manière indiscutable leurs origines antiques, les Francs-Maçons ont coutume d'ajouter quatre mille années à la date officielle.

C'est ainsi que l'année 2004 sera datée maçonniquement 6004. Cette pratique fut instaurée d'après les calculs d'un prêtre anglican nommé James Usher, né à Dublin en 1580, qui avait réussi à trouver, en 1650, dans la chronologie biblique, la date de la création du monde, soit 4004 ans avant la naissance du Christ.
En plus de ce changement, les mois maçonniques furent parfois comptés non du 1er janvier mais du 21 mars, soit le premier jour du premier mois des saisons et des signes du zodiaque. Ce calendrier n'est pratiquement jamais utilisé de nos jours mais peut être utile pour dater d'anciens documents maçonniques.

CANNE

Avant d'être la marque de la maîtrise chez les compagnons, la canne était l'un des attributs du pharaon lorsqu'il procédait à certains rites, notamment la fondation d'un temple.
Sans que la filiation soit consciente et vérifiable, la canne, ou le bâton sacré, se trouve dans toutes les cultures et religions du monde antique, de la Bible ou des constructeurs et compagnons du Moyen Âge.
Pour ces derniers la canne avait trois utilisations :
— Elle assistait le compagnon dans les longues marches qu'il effectuait entre deux centres de formation, puis entre les différents chantiers qui appelaient ses services.

— Elle était, grâce à certaines marques utiles au travail, un signe de reconnaissance entre compagnons. Chacun avait à cœur de la décorer de motifs précis, de symboles connus seulement des initiés, ainsi que de rubans qui permettaient de reconnaître le Devoir, c'est-à-dire l'obédience, du Compagnon.
— En dernier lieu, elle pouvait aussi servir de moyen de défense contre les assaillants, ce qui était fréquent lorsque l'on avait de longues routes à parcourir. La taille précise de la canne était généralement de 24 pouces et se composait de trois parties, la pomme, le jonc, et l'embout.
Dans le Tarot de Marseille, la canne est tenue par le Bateleur, l'Ermite et le Fou ; pour les compagnons puis après eux les Francs-Maçons, la canne symbolise la force et la protection, la maîtrise et le pouvoir spirituel. C'est pourquoi on la trouve entre les mains des évêques (crosse épiscopale) et, dans la Franc-Maçonnerie, entre celles du Maître des Cérémonies qui en frappe le sol à chacun de ses déplacements dans le temple.

CAPITATION

Somme que doivent acquitter chaque année tous les membres des Loges maçonniques. Une partie des sommes recueillies est reversée au siège central de l'obédience pour son fonctionnement administratif, indispensable à la vie pratique des Ordres.

CARRE

Le carré symbolise toujours la matière, sa puissance et celle de celui qui règne.
C'est le principe de l'incarnation pleine et réussie, et non celui d'une chute ou d'une malédiction. C'est pourquoi dans le Tarot de Marseille, le nombre Quatre est illustré par un Empereur.
Le carré symbolise la Connaissance secrète de la matière, telle que l'illustrent nombre de lieux sacrés ou réservés au culte.
Suivant la tradition, la Franc-Maçonnerie a fait du carré le symbole de la réalisation humaine, dont la perfection veut approcher l'œuvre divine. Le carré long, ancien nom du rectangle idéal, est représenté dans les Loges suivant des proportions précises fondées sur la "section dorée", dans la proportion de 1,618. Le rapport longueur/largeur du carré long est de deux à un. Le carré est construit par l'équerre (il comporte quatre équerres pour ses angles droits) tandis que le compas est nécessaire pour découvrir, d'abord invisible, la proportion dorée.

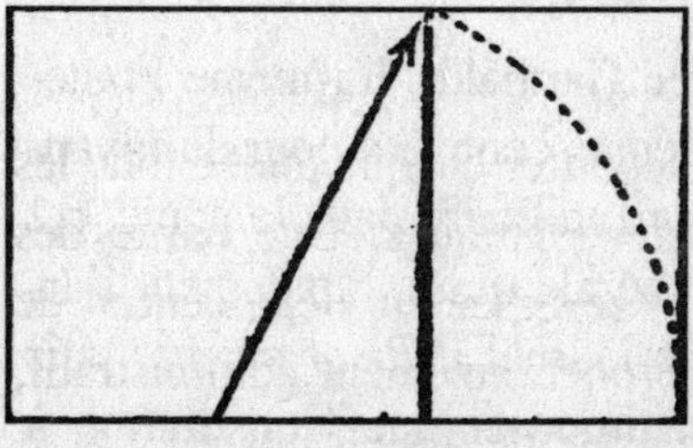

Carré long, ou rectangle d'or : largeur 1, longueur 1,618. Pour le dessiner, faire un carré, et avec le compas, tracer un arc de cercle comme indiqué ci-contre (AB = BC).

CARTE D'IDENTITE

Carte remise au moment de l'initiation à chacun des nouveaux Frères. Elle peut aussi servir de passeport pour les voyages dans les Loges d'autres obédiences.

CASANOVA DE SEINGALT, GIOVANNI

(1725-1798) Aventurier et mémorialiste italien, Casanova fut initié dans une loge lyonnaise. Bien que destiné à l'état ecclésiastique, il fut successivement soldat, courtisan, diplomate et financier. Ses nombreuses aventures amoureuses et civiles lui firent parcourir toute l'Europe et rencontrer les plus grands dignitaires. Il se fit une réputation un peu sulfureuse de mage. Ses *Mémoires*, dans lesquelles il raconte sa vie, comptent de beaux passages sur la Franc-Maçonnerie et une étude passionnante et critique de la société de son époque.

CAVOUR CAMILLO

(1810-1861) Père, avec Garibaldi, lui-même Franc-Maçon, de l'unité italienne, centrée autour du royaume de Piémont. D'abord militaire dans le génie, cet homme de tendance libérale quitta rapidement l'armée et créa en 1847 le journal *Il Risorgimento* puis mit tous ses efforts à imposer une Constitution à l'Italie, ce qui fut fait en 1848. Député, puis ministre, Cavour mena la politique piémontaise puis italienne. Il redonna confiance au peuple italien et sut s'attirer le soutien de Napoléon III, ancien carbonaro. Le but de Cavour était de redonner l'indépendance au royaume italien dans sa totalité. S'il put créer un royaume du nord, libre de toute influence étrangère, il mourut trop tôt pour assister à l'achèvement total de son œuvre.

CAYENNE

Nom que l'on donne à l'Atelier maçonnique lorsque ce sont les Francs-Maçons Compagnons qui y travaillent. Cette coutume que toutes Loges et Obédiences n'utilisent pas obligatoirement fait référence aux cayennes, ces résidences qui offraient aux Compagnons, lors de leur tour de France, le gîte et le couvert.
Ces cayennes (référence aux maisons où résidaient les matelots en partance ?) étaient dirigées par une Mère respectée de tous.

CERCUEIL

Élément de la symbolique maçonnique, autour du thème de la mort suivie d'une résurrection. Il est suggéré dans le cabinet de réflexion et participe au rituel de passage du troisième degré évoquant la mort

d'Hiram et sa tombe (cercueil) que l'aspirant à la maîtrise doit retrouver.
Dans la loge, pour cette cérémonie, le cercueil est tourné tête à l'Occident et pieds à l'Orient, c'est-à-dire que le regard supposé du défunt est tourné vers le soleil levant, lieu de toute initiation et siège futur des résurrections. C'est ainsi qu'étaient inhumés les premiers chrétiens dans les églises, comme le montrent les tombes ou mausolées.

CHAGALL MARC

(1887-1985) Peintre né en Russie, il fit ses études artistiques à Saint-Pétersbourg. Il s'installa à Paris en 1913 et y mourut. Il fut l'ami de Léger, Apollinaire, Cendrars et Modigliani. Il s'inspira du cubisme mais réalisa des peintures oniriques dans lesquelles personnes et objets se côtoient sans réalisme apparent.

CHAMFORT SÉBASTIEN ROCH, dit

(1741-1794) Écrivain et moraliste, doué d'un esprit fin et critique, il se rallia à la Révolution mais fut emprisonné sous la Terreur pour l'avoir critiquée. Il se suicida en 1794. Il est l'auteur de *Maximes et Pensées*, et de *Caractères et Anecdotes* (édités après sa mort).

CHAPTAL JEAN-ANTOINE

(1756-1832) Chimiste et homme politique, il participa au développement de l'agriculture sous le Premier Empire et fut le créateur de la première école des Arts et Métiers, institua les chambres de commerce et implanta en France les premières usines de produits chimiques.

CHATRIAN ALEXANDRE

(1826-1890) Écrivain, il cosigna avec Émile Erckmann de nombreux romans populaires, tel *l'ami Fritz* et les *Contes et Romans populaires*.
Ces deux auteurs exaltèrent le patriotisme français après l'annexion de l'Alsace-Lorraine par les Allemands en 1870.

CHAÎNE D'UNION

La Chaîne d'union est formée par tous les participants d'une cérémonie maçonnique. Tous les Frères, dégantés, se donnent la main et forment un cercle clos, symbole de la cohésion de la Loge et de l'échange d'énergie et de fraternité liant tous ses membres. Pour former cette Chaîne, chaque Frère croise le bras droit sur le bras gauche, donnant sa main droite à la main gauche de son voisin de gauche et sa main gauche à la main droite de son voisin de droite.

Propice au recueillement, la Chaîne d'Union est l'occasion de se recueillir dans le silence, parfois accompagné d'un morceau musical soulignant la quiétude ou la gravité du moment.
La Chaîne d'Union, déjà utilisée par le Compagnonnage, symbolise la communauté des hommes, leur fraternité. C'est pourquoi tout nouvel initié est invité dès sa réception à participer à une Chaîne d'Union, afin de s'intégrer dans la nouvelle cohésion de la loge. La Chaîne d'Union est la manifestation visible de l'égrégore (entité à la fois énergétique et spirituelle) de l'ensemble de la Franc-Maçonnerie, ce que montre la corde à nœuds, appelée aussi *Houppe dentelée*, qui court tout le long du périmètre de la loge. Selon la symbolique traditionnelle, une chaîne d'union accumule une énergie capable, sinon de guérir, du moins d'effacer la fatigue (Voir *Houppe dentelée*).

CHAMBRE DU MILIEU

Une réunion en Chambre du milieu est une réunion rituelle à laquelle ne participent que les Maîtres. Outre le travail symbolique, elle a aussi pour but de régler les affaires internes de la Loge. Les Maîtres siègent au milieu, c'est-à-dire qu'ils se placent loin des extrêmes et des passions, dans une attitude leur permettant de mener à bien les affaires parfois complexes de l'atelier. Si, au cours d'une tenue normale,

on doit organiser une Chambre du Milieu, on demande alors aux apprentis et aux compagnons de quitter, ou *couvrir*, le Temple.
Sur le plan symbolique traditionnel, le milieu est le point de justice et d'équilibre, que l'on peut assimiler à la caverne au cœur de la montagne, à l'athanor, au point vital placé au centre d'un cercle, dont les bâtisseurs de cathédrales avaient fait la clé de leur art : *Un Point, qui se trouve dans le Cercle, Qui se trouve dans le carré et dans le Triangle. Si vous trouvez ce point, vous êtes sauvés, tirés de peine, d'angoisse et de danger.*
C'est-à-dire un lieu dans l'univers (cercle), sur la terre (carré) et dans l'enseignement initiatique (triangle) amenant à la compréhension de la véritable maîtrise, sauvant l'homme de tous les périls (Voir *carré, cercle, maître, triangle*).

CHARBONNIERS / CARBONARI

Les Carbonari (singulier *carbonaro*, charbonnier en italien) formèrent au XIXe siècle une célèbre société politique, dont les liens plus ou moins réels avec les Francs-Maçons furent le prétexte de nombreuses calomnies sur le pouvoir politique de la fraternité. À l'origine, les Charbonniers du Jura formèrent un compagnonnage regroupant toutes les personnes travaillant dans les forêts, forestiers, bûcherons et charbonniers. Comme tous les Compagnons, ils procédaient à des initiations et tenaient des réunions rituelles, tout en favorisant l'entraide et l'assistance entre chacun des membres de ce que l'on a aussi appelé la *Maçonnerie des bois*.

L'initiation des Charbonniers se déroulait dans une clairière où l'on étendait un drap blanc sur le sol. Sur lui, on plaçait une salière pleine, un verre d'eau, un cierge allumé et une croix faite de deux branchettes liées. On faisait agenouiller l'aspirant, yeux bandés au bord du drap, puis on lui rendait la Lumière après lui avoir lu l'histoire mythique de la Charbonnerie.

Après cela chaque assistant lui donnait un baiser et une claque sur l'épaule puis, les mains étendues sur l'eau et sur le sel, le nouveau membre jurait de garder secrets les mystères de son ordre.

Quoique les Italiens fassent remonter le carbonarisme au Moyen Âge, on ne trouve aucune trace de cette société avant 1814, date à laquelle fut créée la société révolutionnaire dont les règlements étaient calqués sur les rituels compagnonniques. Leur but n'était pas tant initiatique et spirituel que politique. Manipulés par Ferdinand IV, roi de Naples, et par l'intrigante reine Marie-Caroline, son épouse, pour lutter contre les dominations étrangères, les carbonari en arrivèrent à former un État dans l'État.

En France, de nombreux nostalgiques de l'Empire, parmi lesquels des Francs-Maçons, furent facilement infiltrés par les carbonari qui initièrent à la hâte quelques Français partagés entre un désir de paix sociale et le regret de l'Ordre ancien.

Parmi ceux-là, il y eut notamment La Fayette, qui devint la figure emblématique du mouvement, mais qui ne se montra pas à la hauteur des espérances mises en lui, notamment lors de l'affaire dite "des sergents de La Rochelle".

Quatre sergents, soupçonnés de complot — bien qu'ils n'aient mené aucune action armée — furent exécutés sur l'ordre de Louis XVIII. Le père de l'un des sergents, Franc-Maçon, ayant demandé à Louis XVIII, lui aussi Franc-Maçon (!), la grâce de son fils, le roi voulut savoir à quelle heure aurait lieu l'exécution. Il décréta alors, "fraternellement", qu'il accorderait sa grâce… deux heures plus tard !

CHAKRA

Terme sanscrit signifiant *Roue* désignant, dans le corps humain, des lieux de connexions où se croisent et se distribuent les différentes énergies vitales, assurant l'équilibre physique de l'être et lui permettant, lorsqu'il les maîtrise, de s'élever du plan matériel au plan spirituel. Les Chakras montrent une progression décrite depuis plusieurs millénaires.

— Chakra 1 (coccygien), situé en arrière et au-dessus des organes génitaux. Le principe de la Terre.

— Chakra 2 (sacré), situé derrière le nombril. Le principe de l'Eau.

— Chakra 3 (ombilical), situé au niveau de l'estomac. Le principe du Feu.

— Chakra 4 (cardiaque), situé derrière le cœur. L'Émotivité.
— Chakra 5 (laryngé), correspond à la gorge et au cou. La Parole.
— Chakra 6 (frontal), situé entre les sourcils. Il est parfois nommé œil de l'esprit et de la conscience.
— Chakra 7. La couronne au sommet de la tête, l'apothéose, le lieu de l'accomplissement.

Points vitaux des êtres humains, il n'est pas surprenant d'observer que les chakras sont très précisément désignés sur le corps des personnages sculptés à l'intérieur comme à l'extérieur des édifices religieux médiévaux par la pointe
d'une croix, d'une épée ou le bout d'un doigt.

Ce qui signifie que tel ou tel organe ou fonctionnement est en cause, soit pour le régénérer soit pour le neutraliser.

Ces différents points d'énergie sont visibles dans les signes, attouchements et marques rituels, lorsque l'on place main ou doigt sur la gorge, la bouche, le plexus solaire ou le cœur, le ventre étant toujours et obligatoirement protégé par un tablier.

CHEVALERIE

Les historiens de la Franc-Maçonnerie rencontrent souvent dans les rituels français et écossais des références à la Chevalerie, visibles notamment par des mots, des gestes et des symboles communs aux deux grandes fraternités. Les Francs-Maçons, qui portaient tous une épée en Loge, ne pouvaient que se trouver un lointain lignage avec les Templiers entrés dans la légende autant par leur Connaissance et leur bravoure que par le sort cruel qui leur avait été réservé. Ces moines soldats anéantis par Philippe le Bel suscitèrent l'engouement des ésotéristes.

C'est ainsi que le chevalier Ramsay dans son fameux discours créa les nouvelles origines maçonniques dans lesquelles de nombreux Frères se retrouvèrent avec satisfaction tandis que d'autres criaient à la supercherie. Au-delà de ces querelles qui n'intéressent plus personne, il faut néanmoins retenir que de nombreux points communs entre les idéaux chevaleresques du Moyen Âge et la quête morale et spirituelle de la Maçonnerie existent bel et bien.

Dans les récits du Cycle Arthurien et les romans de Perceval le Gallois (Chrétien de Troyes) et de Parzival (Wolfram von Eschenbach), ces héros sont aussi Fils de la Veuve en quête de Vérité. On retiendra cependant que dès le début des 25000 vers de *Parzival*, l'auteur annonce qu'il n'est pas un savant et précise: *Je ne sais ni lire ni écrire…* tout en prévenant cependant que les sages se réjouiront de trouver beaucoup d'enseignement dans son œuvre. La phrase *Je ne sais ni lire ni écrire…* est aujourd'hui celle que doivent donner les apprentis lorsqu'un maître leur demande rituellement ce qu'ils savent…

À l'autre bout de la hiérarchie maçonnique, on notera que plusieurs hauts grades sont dits "de chevalerie templière", ce qui montre les liens ésotériques et initiatiques liant chevalerie avec les Francs-Maçons, ainsi, du reste, qu'avec les Compagnons et les Frères de la Rose-Croix.

CHIBBOLET

Mot hébreu signifiant épi (ou fleuve). Lors d'une guerre biblique, il fut utilisé comme mot de reconnaissance par ceux du pays de Galaad (l'ancienne Palestine), qui l'utilisaient pour confondre leurs ennemis. Ces derniers ne prononçant pas la chuintante (*s*ibbolet au lieu de *ch*ibbolet) se trahissaient et le payaient de leur vie.

CHRISTIAN ROSENCREUTZ

(1459) Mystérieux héros de la quête mystique et spirituelle, qui fut peut-être, sous un autre nom, membre d'une société secrète ou d'une chevalerie. Dans les récits qui lui sont consacrés, on observe que le parcours de Christian Rosencreutz comporte de nombreux points communs avec celui des héros de la quête du Graal. Le personnage mythique de Christian Rosencreutz est à l'origine de l'ordre de la Rose-Croix, lequel aurait apporté au XVIIe siècle quelques-uns des symboles et hauts grades utilisés aujourd'hui encore par la Franc-Maçonnerie, tel celui de Chevalier Rose-Croix.

CHURCHILL Sir WINSTON

(1874-1965) Homme d'État anglais, prix Nobel de littérature en 1953. Winston Churchill se fit d'abord connaître comme journaliste et correspondant de guerre. Élu député conservateur à vingt-six ans, il quitta ce parti pour le parti libéral en 1904. Il fut ensuite à la tête de plusieurs ministères (Colonies, Commerce, Intérieur).

Secrétaire de l'Amirauté, il modernisa et prépara la flotte anglaise afin de faire face à la puissance germanique, ce qui permit la victoire de la bataille de la Manche en 1914. Ministre de la Guerre en 1919, il aida en 1920 les Russes blancs contre les soviets. Chancelier de l'Échiquier en 1924.

Dès le début de la Seconde Guerre mondiale, il fut premier Lord de l'Amirauté, puis Premier ministre le 10 mai 1940 devenant ainsi le fer de lance dans la lutte contre Adolf Hitler et le nazisme. Après la guerre, il fut réélu Premier ministre en 1951 mais abandonna la politique en 1955. Franc-Maçon, il aurait aussi fréquenté les sociétés druidiques.

CIERGE (ou FLAMBEAU)

Lumière rituelle allumée en Loge à l'ouverture des travaux possédant une symbolique fondée à la fois sur la lumière et sur le feu.

Le premier cierge (ou bougie) est allumé à l'Orient, là où siège le Vénérable, là d'où vient physiquement

la lumière naissante. Avec cette première flamme seront allumés les autres cierges de la Loge, ceux des premier et second surveillants, ou des trois lumières surmontant les colonnes placées au centre de l'atelier dans le Rite Écossais.
Dans tous les cas, ces trois lumières portent les noms de *Force, Sagesse et Beauté*, qualités et vertus que reconnaît en premier lieu la Franc-Maçonnerie. Pour la tradition comme pour la Franc-Maçonnerie qui la transmet aujourd'hui, la lumière permet de distinguer ce qui existe dans les ténèbres.
De même, le Cierge symbolise l'Initiation et l'éveil à la connaissance, la possibilité de comprendre et de s'harmoniser avec l'univers. C'est la raison pour laquelle un initié est celui qui a reçu la Lumière, au moment où un Frère a retiré de ses yeux le bandeau des profanes. Par sa faible clarté vacillante, la flamme de la bougie, dans la Loge ou dans le Cabinet de Réflexion, illustre la fragilité de la condition humaine, tout en offrant une lumière de faible intensité, propice à la réflexion et au recueillement (Voir *bandeau, Cabinet de Réflexion, feu, initiation, lumière*).

CITROËN ANDRÉ

(1878-1935) Constructeur français d'automobiles, inventeur de la célèbre voiture traction avant. On a dit que les fameux chevrons de la marque avaient été inspirés par l'équerre et le compas maçonniques.

CINQ

Le nombre cinq manifeste l'énergie créatrice, celle du labeur (cinq doigts, cinq sens) et de l'activité des hommes.

C'est la raison pour laquelle cinq est le nombre du compagnon, situé entre le trois de l'apprenti et le sept du Maître.

Cinq manifeste également l'énergie guerrière amenant une structure sociale. Il est représenté par l'étoile à cinq branches, ou le pentagramme, dont la forme rappelle le corps humain.

CIRCULATION (DANS LE TEMPLE)

Le Temple maçonnique est un endroit sacré qui ne peut se parcourir autrement qu'en respectant la circulation physique de la lumière du Soleil sur la Terre. Pendant les tenues maçonniques, seuls les officiers, Grand Expert, Maître des Cérémonies ou quelque Frère spécialement désigné peuvent se déplacer dans le Temple pour y exercer leur charge.

La marche se fait toujours de gauche à droite, les pieds devant toujours se rejoindre en équerre.

La marche de la gauche vers la droite oblige à une circulation reproduisant dans le temple, comme jadis dans l'église traditionnelle, la marche de la Lumière sur la Terre. Le côté gauche représente alors le Sep-

tentrion (Nord) et c'est là que les apprentis méditent et reçoivent, par l'observation, l'enseignement maçonnique. L'Est ou l'Orient, est le lieu où naît la Lumière. C'est l'endroit où l'on est initié. Le Midi (Sud) figure la Terre, c'est là l'endroit du travail, de l'expérimentation et du degré de compagnon.
L'Ouest enfin permet la mise en pratique de la totalité de l'enseignement reçu, à l'extérieur, dans le concret du monde. Ce retour au monde profane représente une petite mort, l'abandon de la lumière symbolique et de la quiétude de la caverne des sages (Voir *droite, gauche*).

CISEAU

Outil indispensable du compagnon, il permet de tailler la pierre brute et de l'amener à la perfection afin qu'elle participe à l'édification du temple universel. Le ciseau symbolique du tailleur de pierre figure dans toutes les loges, généralement posé avec un maillet sur une grosse pierre dont la taille est inachevée. Ce symbole purement maçonnique, que l'on rencontre pourtant chez nous dans de nombreuses figures de l'art roman, manifeste le désir des Frères de ciseler leur jugement d'une façon droite et franche, à la manière des bons ouvriers et compagnons qui savaient calculer le coup qu'ils devaient donner pour obtenir toujours le meilleur résultat (Voir *maillet, pierre*).

CLEMENT JEAN-BAPTISTE

(1837-1903) Journaliste et chansonnier, auteur de la célèbre chanson, *le Temps des cerises*, dédiée à une infirmière croisée pendant l'épisode de la Commune de Paris à laquelle il participa. Socialiste français, poète populaire, il collabora à la revue *le Cri du Peuple* mais dut se réfugier en Angleterre, après la Commune. Amnistié en 1880, il continua à militer activement au sein du Parti Ouvrier Français.

CODY WILLIAM dit BUFFALO BILL

(1846-1917) Chasseur américain, grand destructeur de bisons, héros nordiste de la guerre de Sécession puis de la guerre contre les Indiens qu'il fit aux côtés du terrible général Custer. Buffalo Bill fut la vedette d'une tournée en Europe dans laquelle il retraçait ses exploits et l'épopée de la conquête de l'Ouest.

COHEN

Cohen signifie *prêtre* en langue hébraïque. La Franc-Maçonnerie qui s'en réclame se veut très orthodoxe, et fonde son existence et son enseignement sur la tradition biblique. Elle considère que la puissance de l'égrégore du groupe est une Puissance réceptive acquise par chacun de ses membres.

COLE NAT "KING"

(1919-1965) Jazzman, chanteur et pianiste noir américain.

COLLÈGE

Ensemble des officiers d'une Loge, d'un Congrès ou d'un Convent... En Loge bleue, travaillant aux trois premiers degrés, le Collège, que dirige un Vénérable Maître, est nommé par un vote annuel. Il est composé du Vénérable, des Premier et Second Surveillants, de l'Orateur, du Secrétaire, de l'Expert, du Maître des Cérémonies, du Trésorier, de l'Hospitalier et du Couvreur, chacun d'eux (sauf les trois premiers) étant doublé par un adjoint pour le remplacer en cas d'absence. Suivant les obédiences et les Loges, on compte de plus un Garde des Sceaux, un Maître des Banquet, un Bibliothécaire-Archiviste, un Maître de la colonne d'Harmonie ou un Maître Étendard.

COLLÈGE DES RITES

Obédience régissant les hauts grades du Grand Orient de France. Nul Franc-Maçon ne peut appartenir au Grand Collège des Rites s'il n'est membre actif d'une loge du Grand Orient de France. Cette appartenance se fait par cooptation que sanctionne un vote à bulletin secret.

COLLODI CARLO

(1826-1890) Journaliste et romancier italien, auteur, en 1883, du célèbre conte *Pinocchio*, archétype de l'apprenti en chemin vers la sagesse.

COLONNES

L'entrée des loges maçonniques est marquée par deux colonnes placées à la manière de celles qui furent jadis fondues en bronze par Hiram pour le temple de Salomon. Elles étaient nommées Jakin et Boaz et les initiales de ces noms, les lettres J et B, sont toujours inscrites sur les colonnes utilisées actuellement. La colonne J participe du symbolisme solaire, et la colonne B du symbolisme lunaire. Les apprentis sont assis sur le côté dépendant de la colonne du Nord, tandis que les compagnons se tiennent sur le côté dépendant de la colonne du Sud, lieu de l'expérimentation physique et de la confrontation avec la matière.
Dans ce sens symbolique particulier, les rangées de sièges de l'un ou l'autre côté sont elles-mêmes appelées colonnes. C'est pourquoi l'on dit, selon son grade, être situé sur telle ou telle colonne. Les maîtres, quant à eux, peuvent se placer à l'endroit de leur choix. Élément essentiel de l'architecture antique, les colonnes manifestent la solidité d'un édifice et représentent l'axe du monde, ce qui unit le haut et le

bas, le céleste et le terrestre, le divin et l'humain. Pareilles aux grands arbres droits mais aussi à la colonne vertébrale, dont elles sont une figuration, les colonnes symbolisent l'édifice tout entier, sa durée, sa puissance et prouve son équilibre et sa stabilité.
Pour la Franc-Maçonnerie, être *placé entre les colonnes*, à l'Occident, signifie être au centre de forces adverses, au milieu de tensions que l'on tente puis que l'on réussit à équilibrer.
Depuis la plus haute Antiquité, les arbres les plus grands et les plus droits furent vénérés et considérés comme des points de communication entre les dieux et les hommes. C'est ainsi que le dieu Hermès, image de la Connaissance, était représenté par des colonnes, que le fils de Zeus, Héraclès, était surnommé Gardien de la porte. Ces colonnes pouvaient être de grands chênes sur lesquels il sculptait des signes sacrés. Les Égyptiens taillaient leurs colonnes en forme de grands végétaux et regardaient le sycomore comme l'arbre sous lequel les dieux s'étaient d'abord manifestés sur la terre.
Les druides et les Celtes établissaient leur temple au cœur de forêts aux grands arbres car ils regardaient ces colonnes naturelles comme la représentation de l'axe du monde. De même, les Nordiques et germaniques considéraient le gigantesque frêne sacré Yggdrasill, dédié à Odin et Wotan comme l'arbre de vie universelle. Les colonnes maçonniques sont également visibles au cœur du temple sous trois formes différentes, évoquant chacune une vertu et un âge

symbolique particulier. On remarque la colonne dorienne, la colonne ionique et la colonne corinthienne, symbolisant respectivement la Force, la Sagesse et la Beauté, vertus suprêmes que tout Franc-Maçon tend à acquérir.

Colonnes,
de gauche à droite,
dorique, ionique,
corinthienne.

COLONNE D'HARMONIE

Ensemble musical, orchestre ou instrument mécanique destiné à accompagner musicalement les différents moments d'une cérémonie ou tenue rituelle.
Les anciennes Loges pouvaient posséder une colonne d'harmonie composée de Frères musiciens d'une très grande valeur, tel Mozart, qui composa pour ses Frères de nombreuses musiques maçonniques.

COLT SAMUEL

(1814-1862) Armurier américain qui mit au point le six coups, revolver à barillet, et la carabine à répétition, principales armes de la conquête de l'Ouest.

COMBES ÉMILE

(1835-1921) Homme politique français, ancien séminariste, symbole pour le public du Franc-Maçon athée. Il mit en application la loi de séparation de l'Église et de l'État (1904).
Jeune, il avait mené des études de théologie mais il préféra se consacrer à la médecine puis à la politique.
Il dut démissionner (janvier 1905) de ses fonctions politiques après l'Affaire des fiches (voir ce mot), dans laquelle il était compromis.

COMPAGNONS

La Franc-Maçonnerie compte trois grades fondamentaux, apprenti, compagnon et maître. Si les apprentis doivent garder le silence tout le temps de leur grade, les compagnons peuvent s'exprimer en tenue bien qu'ils n'aient pas le droit de tenir un poste d'officier et, selon les obédiences, le droit de voter, sauf cas exceptionnel. Le terme de compagnon fait référence aux ouvriers constructeurs du Moyen Âge. Le Compagnonnage est né au Moyen Âge en Europe occidentale du Nord.

Dans son ouvrage *Le Compagnonnage, des Origines à nos jours*, Agenais la Philosophie de l'Union donne ainsi la définition du compagnonnage : *Le Compagnonnage est une religion, dont le Dieu est Salomon, son martyr, Hiram, ses prophètes, Maître Jacques et le Père Soubise. Elle possède ses rites, ses mystères, sa propre théologie. Sa hiérarchie compte les compagnons et les apprentis. Elle ne prétend pas à l'universalité, n'a aucune hostilité de principe à l'égard des autres religions ; elle est en marge. En tant que corps constitué, la religion des compagnons ne prétend pas se mêler des querelles politiques.*

Comme les Francs-Maçons, les compagnons situent leurs origines loin dans l'Antiquité et la date symboliquement de la construction du Temple de Salomon, environ mille ans avant notre ère. L'utilisation du terme Compagnon est assurée à partir du XIe siècle (1080). Il signifiait alors Celui qui partage le pain, et non pas celui qui se sert du compas, comme on peut le lire parfois. Le plus ancien texte français qui ait établi la liste d'une association de différents corps de métier date de 1250 et est attribué aux *Forgerons du Devoir*. Dans ce document les comtes de Champagne octroient la liberté de circulation aux Compagnons Forgerons. En échange de cette franchise ils devaient forger des armes pour leurs bienfaiteurs.

Le terme de *devoir* (deveria) désignait ces associations qui permettaient à chaque ouvrier d'avoir un travail et un salaire, une certaine liberté, ce qui n'était pas le cas de tous. Ces ouvriers francs se réunissaient dans une loge installée au cœur des chantiers mais à l'abri des regards. Dans cet endroit protégé, on ne pénétrait qu'avec certains mots de passe puis on y observait le secret le plus absolu car *Ce qui est dit en loge est le secret de tout maçon.*

Les Compagnons se réunissaient dans leurs Loges aussi bien pour préparer leurs travaux que pour décider des augmentations de salaires. Ils y honoraient Dieu mais aussi saint Jean (le Baptiste) et les Quatre Couronnés (*quatuor coronati*), des tailleurs de pierre martyrs sacrifiés par les Romains après leur baptême. Les sept arts libéraux, *quadrivium* et *trivium*, y étaient enseignés ainsi que l'art du trait, et, secret des secrets, la géométrie pour les rares compagnons destinés à devenir architectes.

Avant la Franc-Maçonnerie, les compagnons subirent les foudres religieuses. En 1655, à la suite de la trahison d'un compagnon chapelier qui avait révélé

les rites secrets de ses Frères, la Faculté de Paris, la Sorbonne (14 mars 1655), condamna les Compagnons comme impies, sacrilèges et superstitieux.
Dans la Franc-Maçonnerie actuelle, le grade de compagnon équivaut au travail pratique, à l'expérimentation de ce que l'on a reçu ou pu recevoir du silence de l'apprentissage tout entier réservé à l'observation muette. Le passage du grade d'apprenti au grade de compagnon est décrit comme le passage de la perpendiculaire au niveau, qui est la capacité d'associer le plan terrestre au plan céleste comme le montre le niveau de forme triangulaire. Placé sous l'auspice du nombre cinq, l'apprenti en cours d'initiation compagnonnique effectue cinq voyages au cours desquels il découvre, pour le premier, les cinq sens permettant à l'homme d'agir et de ressentir, pour le second voyage, les quatre ordres d'architecture, pour le troisième, la science et les arts libéraux.
Au quatrième voyage, le Rite Français fait apparaître la Science et ce qu'elle peut apporter à l'humanité tandis qu'au Rite Écossais, c'est la philosophie que l'impétrant découvre. Au cinquième voyage, les deux rites rassemblent dans le principe du travail tout ce qui a été montré jusque-là et souligne la valeur de l'expérience, sur soi-même et sur la matière. Le grade n'a plus aujourd'hui autant d'importance qu'il en eut à l'origine bien que sa riche symbolique soit essentiel à l'édifice maçonnique. Les attributs du compagnon sont l'Étoile Flamboyante et la lettre G (Voir *Étoile Flamboyante, lettre G, niveau*).

COMPAS

Instrument de constructeur, charpentier ou tailleur de pierre, le compas, toujours associé à l'équerre, symbolise, notamment, la spiritualité. Les deux branches de l'équerre sont passives tandis que celles du compas sont mobiles, actives et permettent de tracer les courbes et les cercles, et de découvrir la proportion dorée qui régit l'ensemble de la nature.

Manifestation de l'ouverture d'esprit et de la spiritualité, Dieu lui-même est souvent représenté avec un compas symbolisant la création consciente et maîtrisée, idéale de tout compagnon.

Compas et équerre sont différemment associés dans les temples maçonniques. Selon les grades et les âges des participants, compas et équerre peuvent être :

— *Équerre sur compas*, où la matière prend encore le pas sur l'esprit, les branches du compas sont arrêtées à 45 degrés et ne peuvent symboliquement pas s'ouvrir d'elle-même. Cette position représente l'âge de l'apprenti.

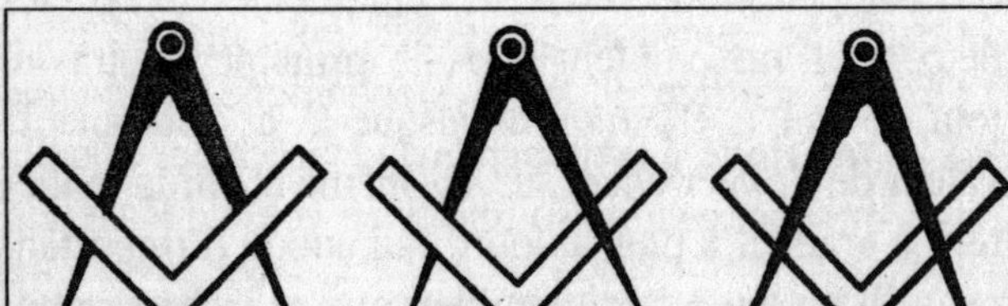

Équerre sur compas : *Apprenti.* — *Équerre et compas entrecroisés :* *Compagnon.* — *Compas sur l'équerre :* Maître.

– *Compas sur équerre*, le compas toujours ouvert à 45 degrés, symbolise le changement intervenu, la maîtrise de l'esprit sur le monde de la matière. C'est un symbole du grade de maître.
Placés l'un sur l'autre, compas et équerre forment une étoile à cinq branches, un sceau symbolisant l'harmonisation des contraires, terrestres et célestes, humains et divins, particuliers et universels.

COMPOSITE

Un des styles architecturaux mis en valeur tardivement dans le rituel maçonnique. Les trois styles physiques et symboliques fondamentaux restent le style dorique, ionique et corinthien, utilisés traditionnellement parce qu'ils montrent une complexification toujours plus grande à la mesure de la conscience qui s'enrichit d'âge en âge.

CONCLUSIONS

Lorsqu'une question est posée en Loge, c'est à l'Orateur, gardien de laLoi Maçonnique, de *donner ses conclusions*, à la demande du Vénérable. Conclusions qui sont ensuite soumises au vote de l'Atelier.

CONDORCET ANTOINE, marquis de

(1743-1794) Philosophe et mathématicien français qui organisa l'Instruction publique sous la Révolution (1792). Arrêté comme Girondin, puis condamné à mort, il s'empoisonna dans sa prison pendant la Terreur. Antoine Condorcet affirmait notamment que le progrès intellectuel et moral de l'humanité peut être réalisé grâce à l'éducation.

CONGÉ

Lorsque pour des raisons professionnelles ou privées un Frère ne peut assister aux tenues régulières de sa Loge, il demande une mise en congé. Pendant un certain temps, il sera excusé à chacune de ses absences sans autre formalité. Cela lui permettra de ne pas être exclu de son atelier mais ne le dispensera pas cependant de payer ses capitations.

CONSÉCRATION

Cérémonie d'installation d'un nouvel atelier, c'est-à-dire allumage des feux, et admission d'un nouveau Frère au sein d'une loge après qu'il eut été initié. La cérémonie rituelle consiste pour le Vénérable à tenir l'épée flamboyante de la main gauche, à la poser au-dessus de la tête de l'initié et à taper trois fois sur la lame avec le maillet tenu de la main droite. Cette consécration reprend le rite chevaleresque au cours duquel on frappait trois fois la nuque du futur chevalier avec le plat d'une épée tenue de la main droite. À ce moment essentiel pour un nouvel initié, le Vénérable déclare : *Je te crée Franc-Maçon.*

CONSISTOIRE

Atelier du 32e grade au Rite Écossais Ancien Accepté.

CONVENT

Assemblée maçonnique annuelle au cours de laquelle sont élus les membres du Conseil de l'Ordre qui dirigent l'obédience, et votées les lignes directrices qu'ils appliqueront pour l'année à venir. Le Convent légifère, le Conseil exécute. C'est à cette occasion qu'est élu le président de ce Conseil, c'est-à-dire le Grand Maître de l'Ordre.

COQ

Oiseau jadis présent dans le cabinet de réflexion maçonnique, le coq fut d'abord consacré à Hélios, puis à Apollon, dont il annonçait l'arrivée, le soleil semblant se lever à son chant. Symboliquement, parce qu'il annonçait l'aurore et le retour de la lumière, le coq accompagnait les âmes des défunts

dans le royaume d'Hadès et de Perséphone (Pluton et Proserpine). C'est pourquoi on le disait aussi oiseau d'Hermès, car le dieu était le guide de l'au-delà. Le coq accompagnait aussi le guérisseur Asclépios qui pouvait ressusciter les morts.
C'est la raison pour laquelle, dans l'ancienne Rome, on sacrifiait le coq aux déesses de la nuit en priant pour qu'il fasse revenir le jour, car on pensait qu'il rencontrait alors la déesse Proserpine, épouse de Pluton, souvent montrée tenant un coq dans une main, en signe de renaissance. Pour le christianisme, le coq était l'oiseau de saint Pierre ; il illustrait la repentance humaine et le pardon divin mais, plus souvent, il symbolisait, sur les sculptures des églises, la volonté orgueilleuse de l'homme, comme le montrent de nombreuses scènes de batailles de coqs.
Symbole solaire de naissance (à l'aurore) et de renaissance (résurrection), il était aussi censé chasser les ténèbres et les monstres, démons, qui s'y cachent ; c'est pourquoi on le plaçait tout au haut des clochers. Dans la tradition que perpétue la Franc-Maçonnerie, le coq manifeste la pérennité des cycles de Lumière sur la terre et dans l'Autre Monde, dans le monde physique et dans le monde spirituel.
Ce sont toutes ces significations, auxquelles s'ajoutent encore des principes alchimiques tels que ceux du soufre et du vif-argent (le mercure des sages) qui justifiaient sa présence dans le Cabinet de Réflexion des Loges maçonniques. L'initiation est aussi un phénomène associant mort et renaissance, dispari-

tion, transformation, et réapparition lumineuse. Qu'il soit dans le cabinet de réflexion ou au faîte d'un clocher, le coq chrétien ou maçonnique montre combien les opposés et les contraires peuvent se rejoindre et se compléter dans une même naturelle symbolique.

CORDE À NŒUDS

Chez les compagnons, elle était l'outil indispensable pour calculer les angles et exécuter sur le sol des tracés indispensables à l'édifice. La Franc-Maçonnerie quant à elle en fait un symbole d'union, associant tous les Frères dans une Loge mais aussi dans le temps et l'espace, ce que montrent ses nœuds reproduisant le huit horizontal de l'infini. Les nœuds sont généralement au nombre de douze, comme les signes du zodiaque. La corde à nœuds reproduit tout autour de la Loge la chaîne d'union que forme au sol les Francs-Maçons qui se tiennent fraternellement la main au cours, ou au terme, des tenues. Elle représente pour cela l'entraide maçonnique, la fraternité et manifeste silencieusement l'égrégore de la Loge.

CORDON

Large écharpe en travers de la poitrine, portée de l'épaule droite à la hanche gauche, comme un baudrier, et réservée au grade de Maître. Sa couleur varie selon les obédiences. Elle est entièrement bleue pour le Grand Orient de France et les obédiences qui travaillent au Rite Français, entièrement rouge pour la Grande Loge de France et les obédiences qui travaillent au Rite Écossais. Le cordon est appelé sautoir, ou écharpe, lorsqu'il s'agit d'un décor attribué à l'officier d'une Loge exerçant son office.

CORINTHIEN

Style d'architecture aux formes élégantes et sveltes, aux chapiteaux décorés de feuillages, dernier développement des styles grecs débutés par la colonne dorique et poursuivis par la colonne ionique. Dans la symbolique maçonnique, cette colonne illustre le dernier stade du labeur, l'épanouissement de la conscience et l'élévation spirituelle. Dans l'ordre rituel, la colonne corinthienne manifeste la Beauté tandis que la colonne dorique manifeste la Force et la colonne ionique la Sagesse, trois vertus qui forment ensemble un être parfait. (Voir *dorique, ionique).*

COUPE D'AMERTUME (OU BREUVAGE)

Boisson au goût amer que doit avaler, les yeux bandés, l'impétrant au cours de son initiation. On lui fait d'abord boire de l'eau puis, après une allocution du Vénérable Maître sur la trahison, on lui fait avaler un liquide amer, censé lui inspirer le dégoût et l'amertume qu'il y aurait de rompre le serment maçonnique. C'est aussi l'avertissement que tout ne peut être facile dans le long chemin qu'entreprend l'initié et qu'il devra s'armer de courage dans ses entreprises, avec des profanes et avec ses Frères, matériellement et spirituellement. Lorsque le candidat à initiation a bu ce breuvage amer, on lui donne immédiatement une eau légèrement sucrée qui efface la mauvaise impression et montre qu'après les difficultés arrive le temps de l'apaisement et du réconfort.

COUVREUR

Officier gardien de la porte du Temple et placé à l'intérieur de celui-ci. Il est chargé d'écarter les éventuels profanes indiscrets et de vérifier, avant l'ouverture des travaux, que les parvis (entrée extérieure du temple) soient déserts. L'office de couvreur est généralement tenu par l'ancien Vénérable Maître de la Loge, qui est ainsi passé symboliquement de l'Orient où il officiait à l'Occident, lieu de la fin des choses mais aussi lieu de mémoire et de Connaissance.
Dans la tradition, l'Est donne la Lumière et l'impulsion de vie et d'action tandis que l'Ouest conserve les secrets du monde et devient pour cela le but de toutes les recherches. Ce que montrent les héros tels qu'Ulysse, Héraclès, Bran, Merlin, Arthur, saint Brandan et d'autres, qui ont navigué symboliquement vers le bout de l'océan, d'Est en l'Ouest.

COUVRIR LE TEMPLE

C'est quitter la loge au cours d'une cérémonie, à la demande du Vénérable ou pour une raison impérieuse. Le Frère ne quitte l'atelier qu'après avoir salué rituellement les officiers et les membres de l'atelier.

CRÂNE

Pièce essentielle placée parmi les objets meublant le cabinet de réflexion et parfois même la Loge, dans certaines obédiences. Le crâne, parfois accompagné de tibias, d'une faux et d'un sablier, n'est pas seulement destiné à faire méditer le profane, ou le Frère, sur la brièveté de l'existence et le peu de poids que représente l'homme face à l'infini de l'univers. Il symbolise surtout le principe initiatique de la mort et de la renaissance, et le pouvoir régénérateur de la Connaissance. Le crâne figure souvent sur les tableaux de Loge, ou les draps pour le plateau de Vénérable, au grade de maître.

CROCKETT DAVY

(1786-1836) Héros américain ; trappeur puis député, il connut une fin héroïque en défendant le fort d'Alamo contre les troupes mexicaines pendant la guerre d'indépendance du Texas.

CROIX

Elle est le point de liaison et d'intercession entre le plan vertical et le plan horizontal, entre le ciel et la terre, entre ce qui est humain et ce qui est divin.
Symbole des grands Axes du monde et de l'orientation de l'homme sur la Terre, par les quatre points cardinaux qu'elle marque, la croix est le premier élément de la Connaissance. C'est la raison pour laquelle les carrefours étaient dédiés à Hermès. Les croix et les calvaires de l'Europe chrétienne ont perpétué, sous d'autres formes, ces pratiques sans en altérer les significations symboliques.
Dans l'art chrétien, la Croix est toujours le symbole représentant à la fois le Christ et son sacrifice, puis le martyr de ceux qui ont répandu son message.
Pour la symbolique traditionnelle, c'est au centre de la croix que se trouve la rose, et c'est là que doivent se trouver le sage et l'initié, l'adepte des hautes sciences et l'alchimiste, à l'instar de Christian Rosencreutz, fondateur mythique de la Rose-Croix.
Être au cœur de la Rose amène naturellement à intégrer la notion de cercle, c'est pourquoi de nombreuses croix comportent un cercle dans leurs branches (telle la croix celte) car le centre de la croix est le lieu où l'on plante la pointe du compas, délimitant par un cercle l'ouverture de la conscience et son champ d'expérimentation. *Si vous trouvez le point, vous êtes sauvés, tirés de peine, d'angoisse et de danger* affirmait l'adage de sagesse des anciens Compagnons.

La plupart des édifices religieux chrétiens sont construits selon le modèle de la croix, formée par la nef pour la longueur et par le transept pour la transversale. Le point central, le cœur, restant libre entre l'autel (chœur) et les fidèles (nef).
On reconnaît de nombreux types de croix à une, deux ou trois traverses, en X, dites de saint André, ansées, pattées, en Tau, Ankh ou svastikas hindoues, celtes.

CUBE

De même nature symbolique que le carré, le cube illustre la stabilité et la concrétisation, sur les trois plans, physique, intellectuel et spirituel, de la pensée créatrice. Il est la matière harmonisée et disciplinée.
Le cube fut tout d'abord associé au grand dieu Zeus-Jupiter, représenté parfois par une grande pierre cubique et le nombre quatre. Dans l'Antiquité, les dés à jouer, cubiques, s'appelaient précisément Cubes de Jupiter.
De nombreux autels destinés aux sacrifices avaient la forme d'un cube représentant la base terrestre d'où s'élevaient les prières des hommes.
Dans la Franc-Maçonnerie, le cube est aussi la base supportant l'élévation philosophique et spirituelle, le triangle ou pyramidion qui la surmonte.
Le premier ouvrage d'un Franc-Maçon est de polir sa pierre, de la rendre cubique pour entreprendre ensuite la construction du temple intérieur.

D

DANTON JACQUES

(1759-1794) Bien qu'avocat au conseil du Roi, Danton s'engagea dès le début dans la lutte révolutionnaire et fonda en 1790 le Club des Cordeliers. L'influence et la popularité de ce club lui permirent de devenir ministre de la Justice en 1792.

Il eut une responsabilité très grande dans les massacres des journées de Septembre, qu'il ne semble pas avoir tenté de freiner.

En 1793, il présida le premier Comité de Salut public, et lutta pour la préservation du territoire national face aux armées ennemies. Cependant, Danton déplaisait aux Révolutionnaires les plus extrémistes et il fut compromis, avec le Frère Fabre d'Églantine, dans des affaires financières.

Robespierre l'Incorruptible et le Tribunal révolutionnaire en profitèrent pour le condamner à mort en 1794, avec ses partisans.

DEBHIR

Le Debhir est l'Orient, au grade de Maître. Lors de l'élévation (voir ce mot), le Debhir est fermé par un rideau noir, qui le sépare du reste du Temple (*Heykhal*). Dans le Temple de Salomon, le debhir, ou "Lieu Très Saint", était la chambre la plus profonde du Temple, qui abritait l'Arche d'Alliance. Entre le debhir et le vestibule, on trouvait le heykhal, "Lieu Saint".

DECAZES ET DE GLUCKSBERG ÉLIE duc de,

(1780-1860) Avocat, secrétaire de la reine Hortense, haut fonctionnaire d'Empire, il se rallia aux Bourbons et fut ministre de l'Intérieur puis premier ministre de Louis XVIII. Homme d'État libéral, il dut lutter contre les extrémistes mais son ministère tomba après l'assassinat du duc de Berry en 1820, sous la poussée des Ultras. Haut dignitaire de l'Ordre, il rétablit la Franc-Maçonnerie pendant la Restauration. Les Frères lui doivent une circulaire valable jusqu'en 1901 qui recommandait aux préfets de reconnaître la Franc-Maçonnerie comme faisant partie de l'ordre social. Il fut Grand Maître du Suprême Conseil de l'Ordre à partir de 1818. D'une façon ou d'une autre, il dirigea la Fraternité durant presque trente ans. Il fonda en 1825 le centre industriel de Decazeville en Aveyron.

DECORS

Ce qui doit orner le Temple pour une tenue selon son Rite et son degré d'ouverture. On appelle aussi décors les bijoux et ornements rituels, tablier, gants, sautoir et écharpe, que portent les Frères selon leurs grades et leurs fonctions. Les décors sont obligatoires pendant les tenues. Le décor le plus important du Franc-Maçon est le tablier de travail. Après cela viennent les gants ; le baudrier n'est qu'une marque honorifique. À la fin de la cérémonie initiatique, le Vénérable revêt le nouvel initié d'un tablier de peau blanche en lui recommandant d'en conserver la pointe visible durant son temps d'apprentissage.

DEGRÉ

Voir *grade*.

DÉISME

Conception philosophique et religieuse reconnaissant l'existence d'un être supérieur, principe moteur et créateur du monde, dont la nature n'est pas radicalement différente de celle des divinités reconnues. Le déisme rejette les dogmes religieux ainsi que la notion de révélation, car son dieu n'est ni une personne ni une providence. Sa morale consiste à obéir aux lois naturelles, parce que découlant raisonnablement de la nature des choses. Le déisme s'est opposé, au XVIIIe siècle notamment, aux religions chrétiennes. La Libre Pensée et l'athéisme matérialistes sont l'aboutissement extrême du déisme dévié de son sens premier.

DELTA

Symbole ternaire par excellence, puisque présentant la forme d'un triangle, le delta se trouve dans les temples maçonniques aussi bien que dans les églises chrétiennes. Il se représente sous la forme d'un triangle isocèle, dont les angles mesurent respectivement : 36, 108 et 36 degrés. Il symbolise généralement la divinité qu'un œil placé en son centre manifeste. Ce Dieu qu'on ne veut ni nommer ni représenter est ainsi présent sous la forme d'un symbole théiste permettant de laisser chacun libre d'imaginer, d'admettre ou d'ignorer, la notion du Grand Créateur. Dans les loges maçonniques, le Delta lumineux est placé au-dessus et derrière le siège du Vénérable. Certains rites inscrivent le Tétragramme (*Yod, Hé, Vav, Hé*), en son centre, ou l'œil divin, tandis que d'autres l'illuminent pendant les cérémonies. L'œil est la manifestation de la divinité, ce qui lui permet de voir le monde et d'être vu de lui, selon la définition de Maître Eckhart : *L'œil qui me sert à voir Dieu est cet œil-là même par quoi Dieu me voit* (Voir *œil, triangle*).

DEMISSION

Contrairement aux idées reçues, un Franc-Maçon peut quitter librement son atelier, soit pour abandonner la Franc-Maçonnerie soit pour intégrer un autre atelier ou une autre obédience. Cependant, réglementairement, le démissionnaire devra faire part de son choix et se mettre en règle avec son atelier pour sa capitation de l'année en cours. S'il souhaite intégrer un autre atelier, il devra le signaler à son Vénérable afin de régler les formalités d'intégration à son nouvel atelier, où il retrouvera le grade acquis précédemment. S'il quitte la Maçonnerie à jamais, il doit savoir que l'Initiation reste toujours acquise et qu'un Maçon qui s'est mis à l'écart de la vie maçonnique peut très bien la réintégrer quelques années plus tard.

DE MILLE CÉCIL BLOUNT

(1881-1959) Producteur américain et pilier d'Hollywood. Le film *les Dix Commandements* figure parmi ses œuvres les plus célèbres.

DERAISMES MARIE

(1828-1894) Fondatrice de la première obédience maçonnique mixte, le *Droit Humain*, créée en 1894. Marie Deraisme avait été initiée en 1882 dans la Loge des *Libres Penseurs du Pecq*.

DESMOULINS CAMILLE

(1760-1794) Avocat et révolutionnaire, rédacteur en chef du *Vieux Cordelier*. Il fut un proche de Danton qu'il suivit jusqu'à la mort sous la guillotine. Il s'opposa à la Terreur et mérita ainsi, avec quelques-uns de ses amis, le surnom d'*indulgent*.

DEVISE

Dans les anciennes Loges, il était d'usage d'avoir une devise dans laquelle les Frères se reconnaissaient et qu'ils mettaient en pratique en dehors de leurs ateliers. Ces devises s'inspiraient du Compagnonnage, dont la Maçonnerie spéculative utilisait nombre de symboles. Les maximes les plus fréquentes étaient relatives au travail, telles que *Ce que tu fais, te fais*, *Bien Penser, bien Dire et bien Faire*, à quoi s'ajoutaient des pensées morales puisées dans les Évangiles, telles que *Ne fais pas à autrui ce que tu ne voudrais pas qu'il te fît*, ou *Fais ce que tu dois, advienne que pourra*. Quelquefois, les devises empruntaient celles des princes, des rois ou de l'Église. C'est ainsi que des loges avaient *Dieu et Mon Droit*, ou *Post Tenebras Lux* (la Lumière après les ténèbres), *Fiat Lux* (Et la Lumière fut), ou *Ordo ab Chao* (l'ordre [est] sorti du chaos). Actuellement *Liberté, Égalité, Fraternité* est la devise la plus utilisée, notamment au Grand Orient de France.

DEVOIR

Ce que l'on doit faire. Ce qui est dû, matériellement, moralement et spirituellement, aux hommes, à la communauté et à Dieu. Jadis, le Compagnonnage se répartissait en trois grandes familles, appelées *Devoirs*, dans lesquelles étaient représentés tous les corps de métiers. Ces groupes dont les membres se déchiraient parfois se nommaient le *Devoir de Liberté*, le *Devoir*, et le *Saint-Devoir*. Les compagnons étaient désignés de leur prénom et du nom de leur groupe. C'est ainsi que pouvaient se rencontrer Pierre du Saint-Devoir, Jean du Devoir, ou Paul du Devoir de Liberté. Au-delà des querelles, la notion de Devoir était, comme celle du travail, respectée avant toute chose dans la vie compagnonnique. Souvent les compagnons gravaient sur leur canne des symboles qui permettaient, avec des rubans, de reconnaître le Devoir auquel ils appartenaient. Dans la pratique maçonnique, ce même Devoir envers la société humaine, envers les Frères et envers soi-même (morale) est également une valeur fondamentale qu'il convient de respecter.

DIEU

Plusieurs obédiences maçonniques placent Dieu le Créateur, au-dessus de toutes choses, comme un principe absolu. C'est notamment le cas pour les ate-

liers travaillant au Rite Écossais pour lesquels Dieu prend le nom de Grand Architecte de l'Univers. Le Grand Orient de France considère quant à lui que la liberté totale de conscience est un principe fondamental qui ne saurait être transgressé.
Pour les Francs-Maçons de cette obédience, Dieu, la Bible, puis le Grand Architecte de l'Univers représentent encore trop le dogmatisme religieux pour que des Hommes libres s'y réfèrent par obligation.
Chaque Frère est libre de chercher sa vérité et de la trouver ailleurs que dans des dogmes.

DIMENSIONS DU TEMPLE

À la question rituelle *Quelles sont les dimensions du temple ?* les Franc-Maçons devaient jadis répondre : *La longueur de notre temple va de l'Occident à l'Orient, sa largeur du Septentrion au Midi et sa hauteur du Nadir au Zénith.* Cette réponse assurait ainsi symboliquement que la loge couvrait la totalité du monde quant au labeur que l'on pouvait y faire. On franchissait le seuil (Occident) et l'on se dirigeait vers la Lumière (Orient) puis, au Nord (Septentrion), on recevait l'enseignement avant d'aller au Sud (Midi). Travaillant à la surface terrestre (Nadir), on regardait vers l'infini du ciel (Zénith). C'est sur ce principe d'orientation que furent bâties les églises romanes et gothiques, la croix géante posée sur le sol s'élevant vers la voûte céleste.

DISNEY WALT

(1901-1966) Dessinateur américain, réalisateur et producteur de dessins animés dont il fut l'un des précurseurs.

DISPENSE

Permission accordée par l'administration de l'Obédience d'organiser des Tenues supplémentaires

DOIGT

Les attouchements revêtent une grande importance dans les gestes rituels maçonniques.
Plus ou moins complexes selon les grades, ces signes de reconnaissance utilisent les doigts qui manifestent ainsi une personnalité, une activité ou une énergie.
Pour les Grecs, comme pour les Égyptiens et les Celtes, chaque doigt était attribué à un dieu de la manière suivante.
Auriculaire : Mercure ;
Index : Jupiter ;
Annulaire : Apollon Soleil ; Médius : Saturne ;
Pouce : Vénus.
Les phalanges elles-mêmes avaient des attributions et des qualités particulières.
C'est ainsi que la première phalange de l'Auriculaire (Mercure) était attribuée aux échanges et au com-

merce, la seconde à l'art de la communication et la dernière (portant l'ongle) à l'éloquence ou, sur un plan plus élaboré, à la Connaissance initiatique.

La première phalange de l'Index (Jupiter) était attribuée à la volupté, la seconde à la gloire et la dernière (portant l'ongle) à la religion.

On observe que sur un plan plus élaboré on peut remplacer ces notions par art, rayonnement et spiritualité.

La première phalange de l'Annulaire (Apollon Soleil) était attribuée au jeu sous toutes ses formes, la seconde au talent et la dernière (portant l'ongle) aux idéaux.

On observe que sur un plan plus élaboré, on peut remplacer ces notions par créativité, art du travail et idéal alliant réalisation physique et spiritualité.

La première phalange du Pouce (Vénus) était attribuée à l'instinct vital et génésique, la seconde au raisonnement logique et la dernière (portant l'ongle) à la volonté, trois attributions que l'on pouvait considérer sur un plan plus élaboré comme l'Amour sous ses formes idéales et universelles.

Ces dédicaces montrent l'importance que revêt l'emplacement des bagues, et celle des signes fait avec chacun des doigts selon les grades, les lieux ou les événements rituels au cours desquels on utilise ce curieux alphabet (Voir *attouchements*).

DORIQUE

Style d'architecture aux formes massives, rondes et simples, précédant le style ionien et corinthien. Dans la symbolique maçonnique, cette première colonne illustre le premier stade du labeur, la première prise de conscience, la première tentative d'élévation, selon la symbolique de la colonne. Dans l'ordre rituel, la colonne dorique manifeste la Force, la colonne ionique la Sagesse et la colonne corinthienne la Beauté, trois vertus qui ensemble forment un être parfait (Voir *corinthien, ionique*).

DOUMER PAUL

(1857-1932) Homme politique français, député radical puis Président de la République en 1931, il fut assassiné l'année suivante.
Sa longue carrière politique le mena de la Chambre des Députés au Sénat en passant par l'Indochine qu'il administra durant six ans (Pont Paul-Doumer à Hanoï).

DOYLE sir ARTHUR CONAN

(1859-1930) Médecin, journaliste et écrivain anglais, inventeur du détective *Sherlock Holmes*. Il a consacré la fin de sa vie aux sciences occultes et écrivit une *Histoire du spiritisme* (1926).

DROITE

Pendant les tenues maçonniques, la circulation se fait toujours de gauche à droite, reproduisant dans le Temple, comme jadis dans l'église traditionnelle, l'avance de la lumière sur la terre. Le côté gauche représente le Septentrion (Nord) et le lieu de l'enseignement initiatique et spirituel, et pour les Francs-Maçons apprentis l'endroit de silence et de méditation, tandis que le Midi (Sud) figure le lieu du travail, de l'expérimentation et du degré de compagnon.
Dans un édifice religieux traditionnel, le côté droit est toujours celui de l'activité, celui où se manifeste l'énergie du principe solaire. Le pied droit avancé montre qu'un personnage débute une action, tandis que l'objet qu'il tient de sa main droite annonce comment il va agir sur les choses, ou ce qu'il va donner de lui vers les autres ou vers l'extérieur, bénédiction, malédiction, violence ou guérison, énergie positive ou négative. (Voir *circulation, gauche*).

DUNANT JEAN HENRI

(1828-1910) Philanthrope suisse fondateur de la Croix-Rouge, créée afin de venir en aide aux blessés des champs de bataille quelle que soit leur nationalité. Jean-Henri Dunant avait été profondément affecté par la vision du champ de bataille de Solférino (1859), l'une des plus meurtrières du XIXe siècle. Il reçut le prix Nobel de la paix en 1901.

E

EAU

Avec celui de la Lune qui est son degré supérieur céleste, le symbolisme de l'eau est l'un des plus anciens que l'homme connaisse. Un symbolisme sans doute à l'origine de ce que l'on appelle aujourd'hui la Tradition.

Manifestation de la puissance des divinités et de leur fécondité dans toutes les religions de l'Antiquité, l'eau possède aussi un caractère purificateur dans les religions actuellement pratiquées.

Avec le feu, la terre et l'air, l'eau est l'élément dans lequel on s'immerge et se transforme de manière progressive, à la différence du feu dans lequel on disparaît physiquement pour renaître de ses cendres après une recomposition, selon le symbolisme du phénix. La métamorphose obtenue par l'eau fait du vieil homme un homme nouveau, c'est pourquoi le principe de l'eau tient plus de la régénération que de la mort et de la renaissance. Bien que cela ne soit pas admis par la science matérialiste, les mythologies ont

toujours considéré que l'eau était, ou contenait, la mémoire du monde.
Ainsi, boire de l'eau, se plonger dans l'eau (baptême) équivalait à retourner aux sources, puiser dans un immense réservoir de vie et y trouver une force nouvelle. C'est pourquoi les lieux de cultes, dans la plupart des religions, sont édifiés autour de sources, de puits ou même de citernes spécialement aménagées. Pharaon faisait creuser des canaux, comme les moines d'Europe déviaient le cours de rivières à seule fin d'amener cette source de vie dans leurs lieux de culte. Pour la même raison, l'eau est l'un des éléments présents dans le Cabinet de Réflexion, puis dans la cérémonie de l'initiation maçonnique.

ÉCHELLE

Dans l'ésotérisme traditionnel, l'échelle symbolise la montée de l'homme vers les cieux et vers la Connaissance céleste et universelle. Parfois représentée dans les symboles maçonniques, l'échelle manifeste les différents degrés de la Connaissance.
Dans l'art chrétien, on remarque souvent le Christ se tenant au sommet d'une échelle comportant neuf barreaux. Ce nombre indique la perfection qui est la sienne. L'échelle est toujours le symbole d'une progression vers un état supérieur de conscience, vers la transcendance ou le désir de surpasser sa propre destinée.

EGALITE

L'un des trois grands idéaux de la Franc-Maçonnerie, avec la Liberté et la Fraternité. L'un des premiers buts de la Franc-Maçonnerie fut que le prince et le sujet, le gentilhomme et l'artisan, le riche et le pauvre se confondent dans une même Loge et travaillent ensemble dans un même atelier où rien ne les distinguait.
Parmi les outils symboliques de la Franc-Maçonnerie, le niveau est celui qui permet d'obtenir l'Égalité. Égalité qui doit régner entre tous les frères d'une part, et entre tous les hommes d'autre part.

ÉGRÉGORE

Égrégore viendrait du latin *ex gregis* (signifiant ensemble, ou troupeau). Mot utilisé par la Maçonnerie pour décrire un phénomène où les pensées d'un groupe s'unissent dans un même but. La puissance des pensées assemblées pendant ces moments exceptionnels est considérée comme supérieure à l'addition de chacune des pensées individuelles. C'est ce que mettaient en pratique les communautés monastiques, les groupes de prière.
Quoique peu utilisée de nos jours, la notion d'égrégore est parfois invoquée dans le monde chrétien, selon la Parole évangélique assurant que… *là où deux ou trois seront réunis en mon nom, je serai au milieu d'eux.* (Matthieu, chapitre 18, verset 20.)

En la Franc-Maçonnerie, cela signifie que plusieurs personnes pensant et travaillant ensemble sur une idée auront par la somme de leurs réflexions plus d'efficacité que si chacune d'elles avait œuvré séparément. Les Francs-Maçons sont des initiés grégaires et non des mystiques isolés. Pour eux, travailler à plusieurs est plus efficace qu'œuvrer en solitaire.

ÉLECTIONS

Moments importants de la vie maçonnique, les élections rythment la vie d'une loge et de l'obédience, toutes deux fondées sur un fonctionnement démocratique. Dans les principales obédiences actuelles, nul ne peut exercer de charges à vie, contrairement à ce qui se pratiquait à l'origine.
Chaque année, les frères élisent leur collège des officiers et placent à sa tête un Vénérable Maître, qui ne peut assumer sa charge plus de trois ans, à l'instar du Grand Maître de l'Ordre, et doit être réélu tous les ans. Les votes se font à bulletins secrets et non à main levée.

ÉLÉMENTS (QUATRE)

Ensemble de ce qui compose le monde sensible et nous constitue. Symboliquement, les quatre éléments sont représentés dans chacun des moments importants de l'initiation, cabinet de réflexion et voyages

du postulant. On les trouve par la suite, visibles ou suggérés, dans toutes les initiations qui jalonnent la vie maçonnique.
Les anciens rituels précisaient que le profane devait être purifié par les quatre éléments, ce qui signifiait qu'il devait symboliquement renaître à l'idée matérialiste qu'il avait du principe représenté par l'élément. Ainsi l'eau de l'initiation était l'occasion d'une nouvelle naissance, la terre provoquait une germination spirituelle, le feu éliminait ce qui était ancien et indésirable, et l'air amenait l'impétrant à une vision transformée de l'infini et de la divinité.
Ces quatre purifications sont toujours vécues, sous d'autres noms, pendant les quatre voyages qu'effectue le profane lors de son initiation.
(Voir *air, cube, eau, feu, initiation, terre*).

ÉLÉMOSINAIRE

Au Rite Écossais Rectifié, nom de l'Hospitalier (voir ce mot). Élémosinaire (ou Éléémosinaire) vient du grec *eleemosyna*, qui veut dire aumône.

ÉLÉVATION

Cérémonie durant laquelle un compagnon reçoit le grade de Maître. Ce terme provient de la traduction du mot *raising*, utilisé par les Maçons anglais.
Il fait référence aussi au moment clé de la cérémonie

ou le futur Maître est élevé ou plutôt relevé par les autres Maîtres, alors qu'il est étendu au sol, selon le symbolisme de la mort.
Son élévation signifie alors sa résurrection et son admission au sein de la maîtrise. Les Francs-Maçons contemporains emploient aussi le terme *exaltation* pour qualifier cette cérémonie.

ELLINGTON EDWARD

Duke (le Duc) (1899-1974) Jazzman noir américain ayant dirigé pendant cinquante ans l'un des plus célèbres orchestres de jazz des États-Unis.

ENFANTS DE LA VEUVE

Tous les Francs-Maçons sont les orphelins d'Hiram, qui était lui-même le fils de la veuve Nephtali, dont le nom évoque Nephtys, l'un des noms d'Isis, elle-même veuve d'Osiris.
C'est pourquoi, après Hiram, les Francs-Maçons sont aussi des fils (ou enfant) de la veuve, chargés d'élever un temple idéal, jamais terminé. C'est-à-dire d'amener à la perfection leur propre nature.
Dans les romans de chevalerie, plusieurs héros médiévaux, Parzival et Perceval notamment, sont fils uniques d'une veuve, et l'espoir d'un monde désolé qu'ils devront faire revivre.

ENQUETE

Lorsqu'un profane demande l'initiation à une loge maçonnique, il doit répondre à trois enquêtes.
Ce sont des entrevues menées par trois frères différents qui tentent de sonder le profane sur ses motivations à vouloir entrer en Maçonnerie.
Le profane doit s'expliquer aussi bien sur sa vie privée que sur ses aspirations intellectuelles.
Chacun des frères enquêteurs établit un rapport qui sera lu lors d'une tenue. Ces rapports précèdent le passage sous le bandeau, qui est la dernière enquête faite au sein de la loge. Des réponses du postulant (et du vote qui s'ensuit) dépendra son initiation, son rejet ou son ajournement.

ENTÉLÉCHIE

Doctrine aristotélicienne du perfectionnement, reprise par Rabelais, notamment dans le *Quint Livre*, qui raconte les aventures de Panurge cherchant femme dans tous les royaumes de l'univers rabelaisien, lequel est constitué de peuples utopiques faisant cependant référence à la société du XVIe siècle.
Le mot Entéléchie est formé à partir de trois radicaux grecs : *en*, "ce qui est en dedans", *telos*, "achèvement", et *ekho*, "je possède, je porte". Ce qui peut se traduire par "Je possède en dedans mon achèvement". Que l'on peut aussi traduire par "Ce qui est en dedans possède le principe de l'achèvement".

C'est une application de la philosophie d'Aristote qui assurait que tout être, minéral, végétal ou animal, possédait en lui-même son accomplissement et sa forme la plus parfaite.
Selon ce principe, ce germe, possédant un plan d'expansion et tous les ingrédients nécessaires à son devenir, peut s'éveiller lors d'une épreuve mystique ou lors d'une cérémonie initiatique. La pierre philosophale des alchimistes est contenue dans la matière première. Elle est avant d'exister. C'est ainsi que le sens profond des lettres V.I.T.R.I.O.L. (voir ce mot) inscrites sur les murs du cabinet de réflexion prend tout son sens et montre les passerelles existant entre l'alchimie spirituelle, l'humanisme et les rites initiatiques, processus menant à une transformation des êtres et de la matière. Selon Rabelais, abstracteur de quintessence (un surnom qu'il s'était donné), l'alchimie est une entéléchie, comme l'initiation. Elle ne vise pas à produire un matériau nouveau ou à exalter une mystique mais se veut la science du perfectionnement de tous en tout.

ENTRÉE (DANS LE TEMPLE)

Lorsqu'un frère arrive en retard à une Tenue, alors que le Temple est déjà *couvert*, il doit demander de façon rituelle son entrée dans la Loge fermée et gardée par le frère couvreur. Il commence par frapper plusieurs coups (variant suivant le degré de la Tenue) à la porte du Temple. Le Couvreur interrompt alors les travaux pour annoncer qu'un frère demande l'entrée du Temple. Dûment reconnu par le couvreur, le retardataire est alors autorisé à entrer. Par des pas rituels, et selon le degré de la Tenue, il salue les trois principaux officiers de la loge et, sur l'invitation du Vénérable Maître et selon son grade, prend sa place sur une colonne.

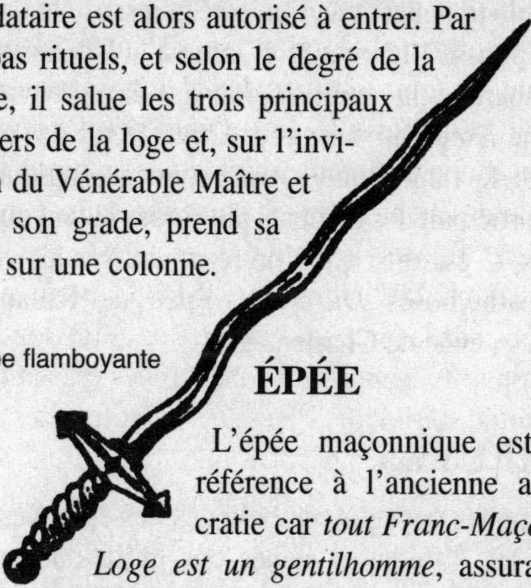
Épée flamboyante

ÉPÉE

L'épée maçonnique est une référence à l'ancienne aristocratie car *tout Franc-Maçon en Loge est un gentilhomme*, assurait-on alors. C'est la raison pour laquelle, au XVIIIe siècle, tous les Frères, quelle que soit leur origine sociale, portaient une épée dans le temple. Tous, sans distinction de rang, appartenaient dans le Temple à la chevalerie de la Lumière, l'épée y étant un symbole solaire d'égalité.

L'épée illustre parfois la vengeance et la protection, et sert aussi à constituer la voûte d'acier en hommage aux dignitaires faisant une entrée solennelle dans le Temple. Les Frères placés sur les colonnes ont des épées à la lame droite tandis que Vénérable Maître arbore une épée à la lame ondulée, appelée aussi *épée flamboyante*. Symboliquement, l'épée représente la Lumière triomphant des ténèbres, la puissance du verbe semblable à un rayon solaire. L'épée à double tranchant tue d'un côté et ressuscite de l'autre, repousse l'ignorance et initie à la Connaissance. Elle marque la maîtrise donnant la souveraineté, comme *Excalibur* faisant d'Arthur le roi des chevaliers de la Table Ronde. Arme souvent magique, l'épée participait des combats physiques autant que spirituels. C'est ainsi que l'on reconnaît sur les vitraux des cathédrales *Durandal*, épée de Roland, et *Joyeuse*, épée de Charlemagne.

ÉPREUVES

Comme les voyages symboliques, les épreuves rythment les différentes étapes des initiations maçonniques. Elles sont destinées à mettre l'impétrant dans un état de réception lui permettant de ressentir les quatre éléments, terre, eau, feu et air, constituant la matière qu'il doit apprendre à connaître et à maîtriser, et qui correspondent au corps physique (terre), à l'émotionnel (eau), à l'énergie et à la volonté (feu) et enfin à la spiritualité (air).
(Voir *air, eau, éléments, feu, initiation, terre*).

EQUERRE

Destinée à tracer les angles droits afin d'obtenir croix, carrés et perpendiculaires, l'équerre est le premier outil du Franc-Maçon, le symbole de la rectitude de l'esprit et de l'équité. L'équerre illustre le travail, la loi et le devoir et détermine le premier champ de l'expérience maçonnique.
Pendant qu'il dirige les travaux de la Loge, le Vénérable Maître suspend à son sautoir une équerre dont les bras sont d'inégales longueurs, dans un rapport 3/4 (ce qui est une illustration du rectangle sacré de Pythagore, dont les côtés sont de 3 et 4 pour une hypoténuse de 5). Lorsque la Loge travaille au grade d'apprenti, l'équerre est placée sur le compas tandis que pour une tenue au grade de compagnon, l'équerre est entrelacée avec le compas. Lorsque la Loge travaille au grade de Maître, le compas est placé sur l'équerre. Dans le déroulement des cérémonies maçonniques, de nombreux attouchements, positions des bras ou des pieds, et signes symboliques reproduisent, directement ou en plusieurs gestes, la forme particulière de l'équerre.

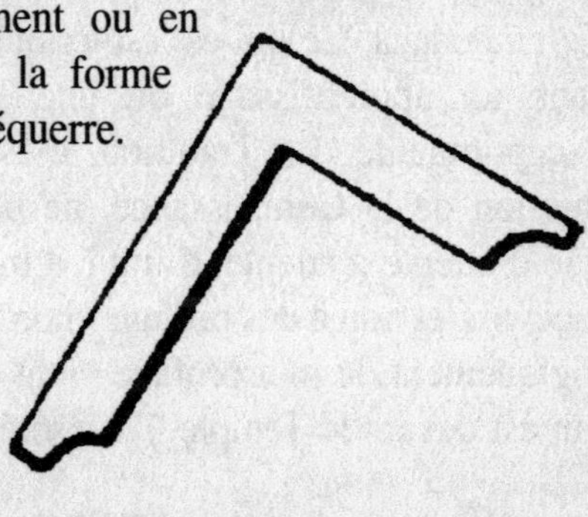

ERE MAÇONNIQUE

À la différence de l'ère vulgaire (c'est-à-dire usuelle), débutant à la naissance du Christ, l'ère maçonnique ajoute 4000 ans à l'année en cours, en prenant pour point de départ la date supposée de la création du monde, telle que pensait l'avoir trouvée James Usher, un philosophe du XVIe siècle. Ainsi 1999 devient l'année 5999, 2000 l'année 6000…
Symboliquement, le nombre 4 représente la matière organisée et l'esprit incarné, le nombre 40 le temps de préparation à une action ou nouvelle naissance (temps nécessaire aux incubations d'où provient le principe des quarantaines), tandis que 400 et 4000 multiplient ces fonctions jusqu'à la multitude. Ainsi, les 4 000 ans ajoutés à l'année civile peuvent suggérer la multitude née de l'acte créateur initial.

ÉSOTÉRISME

Ce mot tire son origine du grec *esotérikos*, qui signifie en dedans. Ce qui est ésotérique ne peut se voir, sans un apprentissage ou une vision spirituelle exceptionnelle. La Tradition, c'est-à-dire la transmission de la Connaissance, ne peut ainsi se faire que d'adepte à adepte, d'initié à initié capable de la recevoir, et non à des profanes non préparés (Étymologiquement, le mot profane vient de *profanum*, "ce qui est devant le Temple"). L'ésotérisme ne procède pas d'une volonté de cacher, mais au contraire d'un désir de communiquer, à ceux qui en sont dignes, des symboles et des secrets, maçonniques et initiatiques.

ESPRIT MAÇONNIQUE

Selon André Doré, dans son *Petit Lexique Maçonnique* (EDIMAF) : *l'esprit maçonnique est fait du sentiment profond d'affection et de solidarité fraternelles qui doit unir tous les Maçons, du mépris des préjugés qui gouvernent l'homme, de l'amour de notre Ordre et du respect des Traditions qui font sa force, de la soumission à nos formes rituelles qui constituent notre discipline, de la compréhension de nos symboles dont découlent les plus riches enseignements de philosophie et de morale.*

ÉTOILES

L'étoile manifeste la lumière lointaine et éternelle dans l'Infini de la nuit. Toujours présentes dans le ciel, à l'inverse des planètes et du soleil, les étoiles symbolisent l'espoir. Des étoiles sont souvent peintes au plafond des loges maçonniques. Une ancienne pratique voulait que l'on fasse précéder l'entrée d'un dignitaire dans la loge par un flambeau, nommé étoile, afin de signaler aux membres de l'atelier l'importance de la Lumière qu'il représentait.

ETOILE FLAMBOYANTE

Étoile à cinq branches qui porte en son centre la lettre G, dont l'importance est primordiale au grade de compagnon qui déclare avoir vu l'étoile flamboyante, lorsqu'on l'interroge sur son état maçonnique.
Ce symbole ancien décrit par Pythagore, et dans lequel Léonard de Vinci inscrivit son homme cosmique, constitue la structure de nombreux pentacles magiques. Lorsque l'étoile flamboyante s'illumine, au grade de compagnon, c'est que celui qui était apprenti est devenu apte à percevoir ce qui était jusque-là invisible, apte à voir et entendre ce qui était caché jusqu'alors à ses sens physiques.

EXALTATION

Voir Élévation.

EXCUSES

Lorsqu'un Frère, pour une raison ou une autre ne peut assister à une Tenue de son atelier, il doit transmettre une excuse, par l'intermédiaire d'un frère présent. Au début de la Tenue, le Vénérable demande : *Mes Frères avez-vous des excuses de Frères absents à présenter ?* On peut se faire excuser sans obole ou avec obole, ce que précise le Frère qui transmet l'excuse. L'obole de l'absent est versée dans le Tronc de la Veuve.

EXPERT (GRAND)

Officier de la loge chargé de reconnaître, tuiler les visiteurs et d'aider dans la pratique du rituel.
Avec le Maître des Cérémonies, il dirige rituellement toutes les initiations et augmentations de salaire.
Il lui incombe, en début de cérémonie, d'installer rituellement le Temple, de déployer le tapis de Loge au grade désiré et d'allumer les cierges.
Le Frère Grand Expert est le recteur de l'atelier. Son rôle demande une parfaite connaissance des rites et des déambulations. Sa situation dans la Loge correspond au dieu et à la planète Saturne.

F

FAIRBANKS DOUGLAS

(1883-1939) Acteur américain, gloire de Hollywood à l'époque du cinéma muet (1920-1928). Douglas Fairbanks fut le premier interprète de *Zorro*.

FAURE FÉLIX

(1841-1899) Homme politique français, président de la République en 1895. Il entra en politique après avoir fait fortune dans le commerce du cuir. Républicain modéré, sa présidence fut marquée par le renforcement des relations avec la Russie tsariste. Sa mort au palais de l'Élysée (dans les bras d'une jeune femme) fit scandale.

FEMMES (ET FRANC-MAÇONNERIE)

Acceptées dans des Loges masculines, au cours du XVIIIe siècle, les femmes furent cependant victimes de pratiques peu compatibles avec l'esprit fraternel et égalitaire dont les Francs-Maçons se voulaient dépositaires. C'est ainsi que les Frères créèrent pour elles des bijoux et des rituels nouveaux leur rappelant la faute originelle commise par la première femme de la Bible.

Dans certaines Loges, elles durent porter autour du cou une pomme rappelant celle que la mythique Ève avait fait croquer au Frère Adam considéré — sans justification — comme le premier des Francs-Maçons par des obédiences maçonniques chrétiennes. Il en fut de même d'autres loges féminines où le rituel rappelait les tableaux de la Genèse, notamment le jardin d'Éden.

Apprentie, la Sœur découvrait symboliquement l'Arche de Noé, Compagnonne, l'échelle de Jacob, tandis que la Tour de Babel constituait le sujet principal du troisième degré.

Ces aimables "bagatelles" (dixit les Frères de l'époque) n'apportaient rien à la symbolique initiatique déjà très encombrée par l'énumération des vertus que les Sœurs devaient acquérir dans la vie sociale : la discrétion et la modestie, la tempérance, la pratique de la charité et la clémente douceur remplaçaient, pour elles, la loyauté et le courage, l'étude philosophique que les Frères pensaient être les seuls à maîtriser. Ces vertus acquises et reconnues, les Sœurs pouvaient enfin mériter l'estime et la bénédiction des Frères.

Il fallut attendre la fin du XIXe siècle pour que les Frères d'une Loge du Pecq se constituent en *Loge sauvage* et initient quelques Sœurs dont Marie Deraimes, qui participa ensuite à la création de l'ordre mixte *Le Droit Humain* en 1893. Après son initiation le 14 janvier 1882, Marie Deraimes déclara à ses nouveaux Frères :

Vous avez frappé un grand coup, mes Frères, en rompant de vieilles traditions consacrées par l'ignorance. Vous avez eu le courage d'affronter les rigueurs de l'orthodoxie maçonnique. Vous êtes considérés comme des Frères hérétiques parce que vous êtes des réformateurs. Toute une légion me suivra !

On a pu ironiser sur le machisme des Frères du XVIIIe siècle, mais il faut cependant observer qu'il était courageux à cette époque d'accepter et d'initier des femmes dans les Loges masculines.

Premier à faire ce geste, en 1774, sous l'impulsion humaniste du chevalier de Beauchêne, le Grand Orient de France se distingua ainsi des autres obédiences qui attendirent la régularisation accordée par la Grande Loge Unie d'Angleterre, en 1952, pour accepter l'initiation féminine et la création de la *Grande Loge féminine de France*.

FENETRES

Sur le Tableau de Loge des ateliers travaillant au grade d'apprenti, comme sur les murs de toutes les Loges bleues, trois fenêtres sont représentées munies de grillage, sur trois côtés du temple, à l'Orient, au Midi et à l'Occident.

Il s'agit de montrer comment la lumière arrive dans l'assemblée des Frères, d'abord par le lieu où se trouve le Vénérable Maître (à l'Orient), puis par celui où travaillent les compagnons (au Midi) et enfin par l'entrée du temple (à l'Occident) que surveille le couvreur, généralement ancien Vénérable Maître de la Loge.

Il n'y a pas de fenêtre sur le côté nord car le soleil ne s'y déplace jamais ; la lumière reçue est celle du midi. Contrairement à ce qu'ont supposé des ésotéristes, les fenêtres grillagées ne sont pas destinées à empêcher les Frères de repartir vers le monde profane, pas plus qu'elles ne servent à rappeler les côtés par où Hiram tenta de fuir les mauvais compagnons dans le temple de Salomon.

Elles symbolisent simplement les différents aspects de la Lumière reçue par les Francs-Maçons, et les grilles ne sont là que pour les protéger de l'intrusion de profanes ou d'ennemis de la Maçonnerie, comme ce fut le cas pendant longtemps.

(Voir *Tableau de Loge*.)

FERMETURE DES TRAVAUX

Lorsque l'ensemble des travaux mis à l'Ordre du jour d'une tenue maçonnique est épuisé, le Vénérable Maître ferme la Loge aussi rituellement qu'il l'a ouverte au début des travaux. Avant de frapper le dernier coup de maillet d'une tenue au grade d'apprenti, le Vénérable s'adresse au Premier Surveillant :
– *Frère Premier Surveillant, à quelle heure les Francs-Maçons terminent-ils leurs travaux ?*
Le Premier Surveillant répond :
– *À Minuit, Vénérable Maître !*
– *Quelle heure est-il, Frère Premier Surveillant ?*
– *Il est Minuit Vénérable Maître !*
Le Vénérable Maître procède alors à la fermeture rituelle de son atelier. Espace sacré la durée de l'assemblée, le Temple spirituel disparaît lorsque le dernier Frère le quitte et s'en retourne dans le monde profane tenter d'expérimenter l'enseignement qu'il a reçu. On procède à la désacralisation du Temple en éteignant les cierges, en repliant le Tableau de Loge et en fermant, par les signes rituels, les portes symboliques que l'on avait précédemment ouvertes.

FERRY JULES

(1832-1893) Avocat, journaliste au journal *Le Temps*, critique de Napoléon III, et homme politique républicain, il établit l'école publique. Député en 1869, il devint préfet de Paris et s'occupa du ravitaillement de la capitale pendant le siège de 1870 par les Prussiens. Plusieurs fois ministre, il eut comme principal objectif d'instaurer les grandes libertés publiques. Il est connu pour ses lois concernant l'enseignement gratuit, laïc et obligatoire. Il donna un essor considérable à la politique coloniale française. Sénateur en 1891, il en fut élu président peu après.

FEU

Symbole de Connaissance, le feu fut donné aux hommes par Prométhée l'initiateur, tandis que la déesse Hestia (Vesta) en était la première gardienne. Après elle, les Vestales devinrent les prêtresses garantes de la perpétuité du foyer placé au centre des temples et des maisons, autour desquels s'organisait la vie spirituelle et familiale de l'Antiquité.
Le feu est la première manifestation de l'énergie du monde représentée dans le ciel par le soleil, ses rayons lumineux et chauds, et enfin la foudre que lancent les dieux.
Symboliquement, le feu signifie la pureté et la purification, la régénération (*Sol Invictus*) ou la destruction de ce qui est impur et injuste. C'est pourquoi le feu est associé à l'épée, notamment l'épée flamboyante, qui donne à la fois la vie et la mort, et procède aux châtiments, sur l'ordre des divinités.
Dans le monde chrétien, le feu est aussi bien attribué

aux anges qu'aux démons, et peut être symbolisé par le cœur, le foyer, l'athanor et la crinière du lion, mais peut aussi représenter la foi et l'amour, le Saint-Esprit et l'illumination spirituelle.
Principe actif du soleil, le feu est complémentaire du principe de la lune, son opposé polaire.
Ensemble, ces deux éléments sont la vie universelle.
C'est pourquoi on peut voir un soleil et une lune ornant le mur situé (le plus souvent) derrière le siège du Vénérable Maître. Ainsi installé, celui-ci montre qu'il est à l'intersection des deux points lumineux de la Loge qu'il préside. Le Vénérable Maître est la première Lumière de l'atelier ; le Premier Surveillant et le Second Surveillant en sont les deux autres Lumières.
Si jadis ceux qui maniaient le feu, forgerons ou fondeurs, étaient considérés comme dotés de qualités divines, parfois magiques et redoutables, le feu symbolise aujourd'hui la Connaissance, la Lumière, pour les initiés.

FIL À PLOMB

Nommé Perpendiculaire dans la symbolique maçonnique, le Fil à Plomb est toujours figuré au cœur d'un arceau tandis que, pour le niveau maçonnique, le fil à plomb est suspendu à la pointe haute d'un triangle.
Le Perpendiculaire est attribué au Second Surveillant et le niveau au Premier Surveillant.

Équerre, Niveau, Perpendiculaire sont les outils fondamentaux permettant de tracer planches et morceaux d'architecture, c'est-à-dire de présenter un travail symbolique au cours d'une tenue maçonnique.

FLAMBEAUX

Noms donnés aux bougies et cierges illuminant la Loge maçonnique. Ces lumières dont le nombre varie suivant les obédiences mais qui sont trois au minimum, participent aux rituels d'ouverture et de fermeture de la Loge et manifestent sa sacralisation pendant les travaux et cérémonies qui s'y déroulent. Les trois Lumières fondamentales sont disposées sur les plateaux du Vénérable Maître et des deux Surveillants (au Rite Français) mais aussi sur le haut des trois colonnes (piliers) symboliques (au Rite Écossais).

FLEMMING (sir) ALEXANDER

(1881-1955) Médecin écossais, ayant découvert la pénicilline et mis au point les antibiotiques. Prix Nobel de médecine en 1945.

FLUTE ENCHANTEE (LA)

Opéra composé par Mozart et retraçant le chemin initiatique amenant deux profanes (Tamino et Pamina), vers la Lumière. Pour certains, l'opéra *la Flûte enchantée* est le point central d'un triptyque initiatique dont la *Clémence de Titus* est le premier terme et la *Messe de Requiem* le dernier (tous trois furent composés en 1791, quelques mois avant la mort du musicien). Ces œuvres illustrent les trois plans d'expérimentation, physique et terrestre, héroïque et initiatique, magistral et spirituel.

FORCE

Nom que l'on donne à la seconde des trois Lumières ou à la seconde des trois colonnes (ou piliers) du temple maçonnique. La première étant la Sagesse et la troisième la Beauté.

FORD HENRY

(1863-1947) Industriel et constructeur automobile américain. Pionnier du travail à la chaîne et de la standardisation, il fut aussi le promoteur d'un système d'intéressement aux bénéfices pour les ouvriers de ses usines.

FRANKLIN BENJAMIN

(1706-1790) Scientifique, pamphlétaire, mémorialiste et homme d'État américain, père de la Déclaration d'Indépendance des États-Unis d'Amérique. Autodidacte et d'origine modeste, Franklin travailla d'abord dans une imprimerie, dans laquelle il apprit à lire et à écrire. Journaliste, il écrivit quelques essais politiques, notamment *De la liberté et de la nécessité du plaisir et de la peine*. Ayant acquis son propre journal, *la Gazette de Pennsylvanie*, il répandit parmi ses lecteurs ses idées sur la société. Il créa une société d'inspiration maçonnique, *la Junte*, puis fonda une société philosophique à l'origine de l'université de Pennsylvanie. Benjamin Franklin fut aussi célèbre pour ses recherches sur l'électricité. Politique, il réussit à convaincre le roi de France, Louis XVI, d'intervenir dans la guerre civile américaine. Après l'Indépendance, Franklin rédigea la Constitution fédérale des États-Unis d'Amérique.

FRATERNELLE

Réunion de Francs-Maçons dans le monde profane. Ceux qui les fréquentent appartiennent à un même métier, ou ont des intérêts en commun. Décriées pour certains excès, les Fraternelles constituent cependant un lien non négligeable entre les Frères de différentes obédiences.

FREDERIC II

(1712-1786) Roi de Prusse. Souverain habile, despote éclairé, il fut l'un des amis et des protecteurs de Voltaire et de quelques autres philosophes.

FRÈRE

Tous les Francs-Maçons, quelle que soit leur obédience, utilisent entre eux le terme de Frère, autant comme signe de reconnaissance que pour marquer leur appartenance à la grande fraternité des initiés. L'affection que doivent se porter les Frères se concrétise par l'accolade et le secours qu'ils ont tous promis de s'accorder en cas de nécessité.
Le terme Frère a été employé avant notre ère par les Arvales, prêtres romains d'un Collège servant le culte de *Dia Dea* (Cérès), fondé par Romulus. Ce fut le seul groupe de prêtres dont les membres s'appelaient Frères et dont la charge consistait à veiller, par des sacrifices, à la prospérité des biens de la terre.
Ce collège était organisé selon les rituels précis et dirigé par un Maître du Collège, qu'assistaient un Promaître et un flamine, qui veillaient au respect des règles du Collège. Lors de la Pleine Lune de mai, les Arvales organisaient, en l'honneur de Cérès, de grandes fêtes. Dès l'origine du christianisme, les membres de la nouvelle religion utilisèrent le terme de Frère pour désigner tous les hommes de la terre.

G

G (LETTRE)

La lettre G n'apparaît qu'au grade de compagnon. Son sens est très varié car G, provenant du Gamma grec et peut-être du Gimmel hébraïque, est une des figurations de l'équerre.

G en tant qu'initiale d'un mot peut signifier de nombreux concepts aussi divers que Géométrie, Gnose, Gloire, Gravité, Grand Orient de France.

D'utilisation récente, le G maçonnique ne se rencontre dans aucun rituel antérieur à l'année 1737 et n'est pas réellement rattaché à la tradition symbolique.

Voir *Étoile flamboyante*.

GABLE CLARK

(1901-1960) Acteur américain dont le personnage possédait charme et désinvolture alliés à une grande force. Le film *Autant en emporte le Vent* le rendit célèbre dans le monde entier.

GANTS

Obligatoires au cours des tenues, ils sont blancs pour indiquer que ceux qui les portent sont innocents du meurtre d'Hiram. Ils symbolisent la pureté mais aussi le deuil. Lors de l'initiation, le nouveau Frère reçoit une paire de gants blancs (ainsi qu'une rose destinée à la personne qui lui est la plus chère.) Couleur traditionnelle de pureté et de spiritualité, le blanc participe à la sérénité que doivent acquérir les assemblées de Francs-Maçons.

GAMBETTA LÉON

(1838-1882) Avocat et homme politique français, il fut l'artisan de l'instauration du régime républicain. Remarqué dès 1868 pour ses talents oratoires, Léon Gambetta défendit les républicains contre le régime impérial puis participa activement à la chute de Napoléon III (4 septembre 1870), après la défaite de Sedan.

Gambetta refusa l'arrêt des hostilités contre l'Allemagne et démissionna de l'Assemblée nationale où il avait été élu en 1869. Partisan de l'extrême-gauche de l'époque, il sut cependant s'allier avec le centre et mériter le surnom d'*opportuniste*. Président de la Chambre des Députés de 1879 à 1881, il mourut des suites des blessures qu'il s'était faites en nettoyant son revolver.

GARIBALDI GIUSEPPE

(1807-1882) Patriote et révolutionnaire italien, Grand Maître de l'obédience maçonnique de Rite égyptien Memphis-Misraïm en 1881. Pour le départ d'Italie des Autrichiens et l'indépendance de son pays, il réussit des coups d'éclat militaires, notamment en 1859, à la bataille de Brescia, où il défit une armée autrichienne avec seulement 5000 hommes. En 1860, il libéra la Sicile, puis rejoignit Naples pour s'allier aux armées du Piémont. Après quelques péripéties politiques qui le firent s'opposer à ses amis, il gagna la France où il fut élu député dans quatre départements français. Il participa à la guerre de 1870 puis fut élu à Rome en 1875.

GAUCHE

Pendant les tenues maçonniques, la circulation se fait toujours de gauche à droite, reproduisant dans le temple, comme jadis dans l'église traditionnelle et, avant elle dans les temples de l'Antiquité, l'avance de la lumière sur la terre. Le côté gauche, ou Septentrion, représente le Nord, la nuit seulement illuminée par la lumière de la lune. C'est le lieu de l'enseignement initiatique et spirituel, l'ombre propice aux méditations, l'endroit où les apprentis Francs-Maçons sont tenus au silence alors que le Midi (Sud) est le lieu du travail et de l'expérimentation des

compagnons. Le fonctionnement solaire reproduit dans la circulation la marche apparente de la lumière sur la terre. Dans cette organisation, le Vénérable Maître est placé à l'Orient (Est), alors que les anciens rituels compagnonniques situaient le responsable de Loge à l'Occident afin qu'il dirige les travaux en ayant toujours le soleil levant (énergie et divinité) face à lui et qu'il se comporte comme un miroir pour l'ensemble des compagnons. C'est toujours à l'Ouest que se trouve la Connaissance, comme le montrent les voyages des héros mythologiques (Ulysse, Arthur, Jason, Héraclès, Bran) qui vont à l'Ouest pour y recevoir les Pommes d'Or de la Connaissance.
(Voir *circulation, droite, occident, orient.*)

GESTES

Compris dans les signes, attouchements et symboles, les gestes maçonniques sont de nature rituelle, visant à exprimer un état ou un degré, ou de nature symbolique, en ce qui concerne une cérémonie initiatique ou un travail présenté dans une Loge. Quel que soit le motif pour lequel on l'utilise, le geste horizontal se fait toujours de gauche à droite, reprenant le symbolisme allant de l'apprentissage à l'action résolue et consciente, tandis que le geste vertical se fait toujours de haut en bas, montrant ainsi que la démarche spirituelle l'emporte sur la démarche matérielle.

GILLETTE KING

(1855-1932) Industriel américain, inventeur du rasoir qui porte toujours son nom.

GNOSTIQUES

Chercheurs de Vérité et de Connaissance, selon l'étymologie du mot venant du grec *Gnosis*, signifiant connaissance, les gnostiques furent à l'origine de sociétés secrètes qui tentaient de trouver le divin dans les textes d'Hermès et, dans la Bible, la sagesse de Dieu, disparue à l'entendement des hommes.
C'est sans doute de ces chercheurs retirés du monde matériel que provient le terme Parole Perdue concernant la Connaissance spirituelle. Les gnostiques formaient de petites communautés composées de lettrés réunis en cénacles inaccessibles aux profanes. Les principaux sujets de recherche puis d'enseignement de ces érudits étaient :
— La Connaissance est plus importante que la foi pour sauver l'homme.
— Cette Connaissance permet d'atteindre l'illumination de son vivant.
— En développant la part de divin qu'il a en lui, l'Initié peut retrouver son origine première et par-là connaître son devenir (eschatologie), ce qui fut rappelé par Rabelais et son Entéléchie. Les gnostiques ont accru et enrichi la pensée traditionnelle de nom-

breux symboles et méthode de recherche, associant la pensée philosophique grecque, le midrash hébraïque et les révélations christiques, faisant ainsi circuler la Connaissance du *Connais-toi toi-même* au *Aime ton prochain comme toi-même*.
Pour certains ésotéristes, la lettre G (Gnose) serait un rappel des travaux des anciens gnostiques. Cette origine improbable, qu'aucun document ne confirme, n'est semble-t-il qu'une maladroite et tardive justification.

GOETHE JOHAN WOLFGANG von

(1749-1832) Poète et écrivain allemand, précurseur du mouvement romantique, dont Napoléon dit un jour *Voilà un homme*. Féru d'ésotérisme, il étudia l'alchimie et se passionna pour l'art des cathédrales. Il mena une carrière politique qui le fit devenir ministre et pour laquelle il fut anobli mais, romantique et mystique, quitta l'Allemagne pour l'Italie, pays de l'art et de la lumière.
Un long séjour à Rome (vers 1788) acheva sa métamorphose spirituelle. Ses œuvres nombreuses se teintent subtilement d'ésotérisme et de poésie.
Parmi ses très nombreux ouvrages, citons le célèbre *Faust* (1773-1775), *Gotz von Berlichingen* (1773), *Les Souffrances du jeune Werther* (1774), le symbolique *Serpent Vert*, *Willhelm Meister* (1821-1829).

GRADE

Mot ayant le même sens que *degré* et dans lequel ne devrait entrer aucune notion de supériorité puisqu'il ne s'agit pas d'un titre, mais seulement de perfectionnement de l'Œuvre. Laquelle est plus ou moins avancée selon l'âge de celui qui travaille.
Au-delà des trois premiers degrés des Loges Bleues, il existe des hauts grades particuliers à certains rites, 33 au total, dans la Maçonnerie au Rite Écossais Ancien et Accepté, 95 au Rite Égyptien de Memphis-Misraïm, 7 au Rite Français, 5 au Rite Écossais Ancien Rectifié.

Grades au Rite Français :
— Apprenti
— Compagnon
— Maître
— Maître Élu
— Maître Écossais
— Chevalier d'Orient
— Prince Rose-Croix

Grades au Rite Écossais Rectifié (R.E.R.) :
— Apprenti
— Compagnon
— Maître Écossais de Saint-André
— Écuyer Novice
— Chevalier Bienfaisant de la Cité Sainte

Grades au Rite Ecossais Ancien et Accepté (R.E.A.A.)

Ateliers symboliques :

— 1. Apprenti

— 2. Compagnon

— 3. Maître

Ateliers de perfection :

— 4. Maître Secret

— 5. Maître Parfait

— 6. Secrétaire Intime

— 7. Prévôt et Juge

— 8. Intendant des Bâtiments

— 9. Maître Élu des Neufs

— 10. Illustre Élu des Quinze

— 11. Sublime Chevalier Élu

— 12. Grand Maître Architecte

— 13. Chevalier de l'Arche Royale

— 14. Sublime Maçon

Ateliers Rouges (Chapitres)

— 15. Chevalier d'Orient (ou de l'Épée)

— 16. Prince de Jérusalem

— 17. Chevalier d'Orient et d'Occident

— 18. Chevalier Rose-Croix

Ateliers Philosophiques :

— 19. Sublime Écossais de la Jérusalem Céleste

— 20. Vénérable Grand Maître de toutes les Loges régulières

— 21. Noachite

— 22. Prince du Liban

— 23. Chef du Tabernacle

— 24. Prince du Tabernacle
— 25. Chevalier du Serpent d'Airain
— 26. Prince de Merci
— 27. Grand Commandeur du Temple
— 28. Chevalier du Soleil
— 29. Grand Écossais de Saint-André
— 30. Grand Élu Kadosh

Grades administratifs :

— 31. Grand Inspecteur Inquisiteur Commandeur
— 32. Sublime Prince du Royal Secret
— 33. Souverain Grand Inspecteur Général

GRAND ARCHITECTE DE L'UNIVERS (GADL'U)

À l'origine, la notion de divinité en Maçonnerie allait de soi et les Francs-Maçons dans leur ensemble reconnaissaient un principe supérieur, créateur, parangon de la perfection vers laquelle tous les Frères aspiraient.

Parce que les religions issues de la Bible se montraient par trop dogmatiques, de nombreux Frères se cantonnèrent au déisme, puis adoptèrent les idées libérales des courants philosophiques des XVIe et XVIIe siècles.

On admettait que le monde ne s'était pas créé seul, mais qu'il avait été ordonné par un principe supérieur et créateur, un Grand Architecte, rapidement nommé Grand Architecte de l'Univers.

Pourtant, cette notion assez floue pour permettre de nombreuses interprétations évitant de se référer à une religion particulière, fut pendant longtemps l'objet de division entre Francs-Maçons, notamment entre les membres de la Grande Loge d'Angleterre et ceux du Grand Orient de France, puis entre ceux de la Grande Loge de France et ceux du Grand Orient de France qui, à l'occasion du Convent de 1877, laissa la totale liberté de conscience à chacun de ses membres.

De plus, ce Convent affirmait que l'invocation au Grand Architecte de l'Univers n'était pas obligatoire, pas plus que la présence de la Bible sur l'autel où se prêtaient les serments. Ce n'était pas une déclaration d'athéisme, mais l'affirmation de la volonté du Grand Orient de France de ne subir aucune contrainte philosophique ou spirituelle.

GRAND COLLÈGE DES RITES

C'est par l'intermédiaire du Grand Collège des Rites, gardien des rites et des rituels, que le Grand Orient de France, confère les trente-trois degrés de l'Écossisme à des membres particulièrement désignés.

GRAND MAITRE, GRANDE MAÎTRESSE

Président (ou Présidente) d'une Obédience maçonnique, qui peut être aussi qualifiée de *Sérénissime*, de *Très Respectable* ou de *Très Illustre*, selon les rites. Ce titre honorifique est relativement récent et n'a pas toujours été porté par les responsables d'obédiences maçonniques.

GRÉGOIRE (abbé)

(1750-1831) Prêtre et député du clergé aux États Généraux de 1789, Henri Grégoire proposa l'abolition des privilèges et contribua à la disparition de l'esclavage. Il fut le premier ecclésiastique à prêter serment de fidélité à la Constitution civile du clergé en novembre 1790. Il fut membre de la Convention, du Conseil des Cinq-Cents et du Corps Législatif, puis Sénateur et s'opposa enfin au pouvoir de Bonaparte en réclamant sa déchéance. À sa mort, l'archevêque de Paris refusa de lui accorder une sépulture chrétienne. Sa tombe se trouve maintenant au Panthéon.

GRENADE

Selon le mythe grec, le grenadier naquit du sang répandu sur la terre par Dionysos au moment de sa mort. Cet arbre est le seul qui donne des fruits dans le royaume des morts, c'est pourquoi la grenade symbolise l'espérance, la fécondité et la vie toujours renouvelée. Pour ces raisons, la grenade illustre l'éternité des cycles de vie, c'est-à-dire l'immortalité. Fruit présent sur les colonnes maçonniques, la grenade, formée de centaines de petits fruits symbolise aussi pour les Frères la fertilité mais également la fraternité, car les Francs-Maçons sont unis dans leur Loge comme le sont les graines de la grenade assemblées dans une même unité.

GREUZE JEAN-BAPTISTE

(1725-1805) Artiste peintre français, portraitiste de talent. Intimiste, fortement inspiré par les peintres hollandais, il sut créer un style nouveau par le choix de ses sujets et représentait des scènes familiales et bourgeoises.

GRIFFE

La griffe du Maître est la poignée de main échangée au troisième degré, lors de l'attouchement (voir ce mot) du grade.

GUENON RENE

(1886-1951) Philosophe et symboliste français ayant montré que l'aspect exotérique et ésotérique contenu dans les différentes religions n'était que les deux facettes d'un même principe traditionnel.

GUILLOTIN JOSEPH IGNACE

(1738-1814) Médecin français, professeur d'anatomie et député aux États Généraux, il préconisa la guillotine, machine destinée à abréger les souffrances des condamnés jusqu'alors décapités à la hache. Sa machine ne devait faire ressentir au condamné à mort qu'un léger souffle d'air sur la nuque. Selon une légende, ce serait le roi Louis XVI qui aurait conseillé à Guillotin une lame en biseau à la place de la ronde prévue à l'origine. C'est malgré ses protestations que l'on donna son nom à la machine des bourreaux. Le docteur Guillotin fut l'un des fondateurs du Grand Orient de France.

H

HAUTS GRADES

Créés au XVIIIe siècle pour différencier la Maçonnerie ouvrière se référant à la simple symbolique des compagnons tailleurs de pierre et des charpentiers, la Maçonnerie des hauts grades est de nos jours fondée sur des rituels cherchant à affiner la quête initiatique des Maîtres désireux d'approfondir leur recherche et leur compréhension des symboles, dont la signification n'a été qu'effleurée aux premiers degrés.
Tous les Maîtres Francs-Maçons ne peuvent ou ne désirent pas travailler à ces grades symboliques, qui cooptent leurs membres. Regroupés sous le nom de *Grand Collège des Rites* (pour le Grand Orient de France), travaillant dans des ateliers blancs, les grades allant du quatrième au trente-troisième degré s'interdisent d'initier les Frères aux trois premiers degrés, dans les ateliers bleus.
(Voir *grades*.)

HARDY OLIVER NORVELL

(1892-1957) Acteur américain qui forma avec Stan Laurel, de 1926 à 1951, un couple d'anthologie du cinéma comique.

HAYDN JOSEPH

(1732-1809) Compositeur autrichien, auteur de symphonies (plus d'une centaine) et de vingt oratorios, reconnu aussi bien par Beethoven et Mozart (qui l'amena à la Franc-Maçonnerie), que par toute l'Europe musicale de son époque.

HÉRÉTIQUE

Étymologiquement, celui qui a fait un choix. Les Francs-Maçons, comme beaucoup d'autres avant eux, y compris les premiers chrétiens, ont fait le choix d'une recherche de la connaissance, pouvant les amener vers la sagesse et la Lumière qu'ils désirent, sans se soumettre à des dogmes, car la démarche initiatique est individuelle. La Franc-Maçonnerie veut que ses membres se déterminent librement, guidés par le seul souci de la vérité, sans confesseur ni directeur de conscience. Cette prise de position lui valut d'être taxée d'hérésie, à la suite d'une longue liste dans laquelle se trouvent Cathares, Vaudois, Chevaliers du Temple, Nestoriens, Réformés…

HEURES MAÇONNIQUES

Rituellement, les travaux commencent à *midi* et se terminent à *minuit*, dans les ateliers travaillant au grade d'apprentis. Cette pratique fait symboliquement référence à l'apogée et au déclin du soleil. Selon les grades, ces heures solaires se différencient afin de correspondre au travail qui est effectué par les Frères Francs-Maçons.

HIRAM (LÉGENDE D')

Selon la Bible (1 Rois, chapitre 5, versets de 19/20), Salomon voulut élever une Maison pour le Seigneur son Dieu car le Seigneur avait dit à David son père : *Ton fils, celui que je mettrai à ta place sur ton trône, c'est lui qui bâtira cette Maison pour mon nom.* (Selon la traduction T.O.B).
Dans cette Maison, appelée Temple, devait être préservée l'Arche d'Alliance. Salomon appela les meilleurs architectes et les plus habiles ouvriers ainsi qu'un fondeur de bronze nommé Hiram, qui venait de Tyr. Hiram fabriqua les deux colonnes de l'entrée du temple et qu'on appela Boaz et Jakin.
À partir de ce texte court et succinct, s'est construite une légende racontant comment, dirigeant les travaux et les hommes, Hiram résolut de répartir les ouvriers en catégories (apprentis, compagnons et Maîtres) à qui il donna un signe, un mot, ainsi qu'un

attouchement différent pour pouvoir les reconnaître et leur donner le juste salaire auquel ils avaient droit. Malheureusement, si les ouvriers travaillaient parfaitement sous la direction de leurs chefs, les distinctions établies par Hiram entretenaient de nombreuses jalousies. C'est ainsi que trois Compagnons voulurent devenir Maîtres sans en avoir les qualités requises et sans attendre d'être nommés par l'architecte. Ils décidèrent malgré cela de demander à Hiram les mots, signes et attouchements du niveau qu'ils voulaient atteindre.

Un soir, ils se cachèrent dans le Temple qui n'était pas encore achevé et se postèrent l'un au Midi, l'autre au Septentrion et le troisième à l'Orient.

Comme chaque soir Hiram faisait le tour du chantier et inspectait, seul, l'avancement des travaux.

Selon son habitude, il entra par la porte de l'Occident et, après avoir parcouru l'immense salle déserte, il s'apprêtait à sortir par la porte du Midi lorsqu'il croisa l'un des compagnons qui lui demanda sous la menace les mots, signes et attouchements de Maître. Hiram lui répondit calmement que les mots n'étaient pas donnés de cette façon-là et qu'il devait attendre avec sagesse le temps nécessaire. Fâché par cette réponse, le compagnon voulut lui donner un grand coup de règle sur la tête, mais la règle dévia et frappa le maître à la gorge.

Cependant, le coup ne fut pas assez violent pour le tuer, et le Maître eut assez de force pour s'enfuir vers

la porte située sur le côté du Septentrion. Il y rencontra le second compagnon qui lui fit la même demande, et Hiram répondit de la même manière.
Tout aussi en colère que le premier, le second compagnon assena un fort coup de son équerre de fer sur le sein gauche (place du cœur) du maître qui, blessé mais toujours vivant, réussit une nouvelle fois à s'enfuir pour atteindre le côté de l'Orient.
Le troisième et dernier compagnon se tenait près de la dernière porte et agit comme les deux autres, frappant et tuant Hiram d'un coup de maillet sur le front.
Les trois compagnons cachèrent le corps du maître sous des pierres et attendirent la nuit tombée pour l'enterrer près d'un petit bois. Sur son tertre ils plantèrent une branche d'acacia.
Salomon s'inquiéta rapidement de l'absence d'Hiram et demanda à neuf Maîtres de le retrouver.
Ils se réunirent d'abord dans la chambre du Milieu tendue de voiles noirs puis partirent trois par trois et pendant neuf jours à la recherche du disparu.
Un après-midi, trois d'entre eux, accablés par la fatigue de leurs recherches, s'arrêtèrent près de l'endroit où était ensevelie la victime et découvrirent la branche d'acacia. Ils s'aperçurent que la terre avait été remuée, creusèrent et trouvèrent le corps d'Hiram.
L'un d'entre eux prit un doigt mais la peau se détacha. Le second fit de même, mais là aussi la peau partit, le troisième les imita obtenant le même résultat. Ils s'écrièrent alors *Machenac*, ce qui signifie la

chair quitte les os. Salomon fut prévenu du résultat des recherches. Peiné, car il aimait et estimait Hiram, il décida que sa sépulture se trouverait au sein du Temple que le grand architecte avait conçu. Il ordonna à tous les Maîtres d'aller chercher le cadavre et l'on procéda à un enterrement d'une grande dignité. Afin de bien montrer qu'ils n'étaient pour rien dans la mort d'Hiram, tous les Maîtres présents portaient des gants blancs pendant la cérémonie.
La légende d'Hiram constitue la base traditionnelle de la Franc-Maçonnerie. La mort du Maître sacralise le Temple maçonnique comme elle organisa jadis la société compagnonnique. La seule manière de venger son martyr est de continuer son œuvre. Ainsi, Hiram meurt et ressuscite à chaque initiation et revit dans ceux qui veulent atteindre sa perfection.

HOSPITALIER

Officier de la Loge chargé de l'entraide et de la fraternité à l'extérieur du Temple. Il visite les Frères hospitalisés ou esseulés et recueille des fonds pour des causes caritatives à la demande de la Loge.

HOUDON JEAN-ANTOINE

(1741-1828) Sculpteur français, prix de Rome en 1761, il sut s'intéresser aux Antiques comme aux Modernes. Il compléta ses études artistiques par des cours d'anatomie qui lui permirent de réaliser une sculpture souple et vivante dans laquelle perce l'âme du modèle. Il a magnifiquement statufié les hommes célèbres de son époque comme Voltaire, Rousseau, Diderot, Franklin et Washington.

HOUPPE DENTELÉE (LACS D'AMOUR)

Terme erroné désignant la Corde à Nœuds, encore appelée Chaîne d'Union. La Houppe Dentelée se réfère à la science héraldique médiévale, lorsque les blasons des veuves étaient ornés de ces nœuds. Comme la Chaîne d'Union, la Houppe Dentelée symbolise la communauté des hommes et leur amour fraternel. Elle manifeste symboliquement l'ensemble de la communauté maçonnique. (Voir *Chaîne d'Union*.)

I

ILLUMINATION

Allumage rituel des cierges de la Loge. La flamme provient de l'Orient, siège du Vénérable Maître, à l'endroit où apparaît le soleil. La seconde signification de l'illumination concerne celui qui a reçu la Lumière, le nouvel initié. Sa Lumière n'est plus extérieure mais intérieure et éclaire sa conscience.

ILLUMINÉS (DE BAVIÈRE)

Les Illuminés de Bavière constituaient une société secrète à but politique. Le terme Illuminé a évolué et possède aujourd'hui un sens péjoratif qu'il n'avait pas au XIXe siècle.

ILLUSTRE (TRÈS)

Terme courtois et honorifique employé pour désigner un haut dignitaire d'un Ordre maçonnique.

INITIATION

Selon la pensée religieuse grecque, Déméter initia les hommes comme Isis et Osiris avaient précédemment initié les Égyptiens. En effet, Déméter présidait aux Grands Mystères d'Éleusis dont elle avait fixé les rites, illustrant les cycles de vie, de mort et de régénérescence. Les Mystères Grecs, c'est-à-dire les initiations, consistaient à faire revivre la naissance, la mort puis la renaissance de Dionysos par des rituels symboliques, à des profanes qui faisaient serment de taire les secrets qu'ils allaient découvrir. En Franc-Maçonnerie, l'initiation est une cérémonie, sans définition religieuse, pendant laquelle un profane accède à la Lumière symbolique, propice à la découverte de lui-même et des autres au travers de la fraternité.

Le profane, lors de son initiation (dessin d'Oswald Wirth).

L'initiation peut mener un être vers sa transformation et la prise de conscience de son état spirituel. Cela ne s'opère pas toujours au moment de la cérémonie mais joue son rôle au fil du temps et des tenues. C'est la raison pour laquelle, quoiqu'élevé dans son art et son degré, tout Franc-Maçon reste un perpétuel apprenti. Bien qu'initié, il reste toujours dans une voie initiatique, exigeant une permanente ouverture d'esprit, une continuelle volonté de rechercher ce qui est juste et vrai.

Tout le contenu ésotérique de la Franc-Maçonnerie est inclus dans la première initiation, celle qui fait du profane un Franc-Maçon. Les initiations suivantes sont destinées à finaliser, perfectionner et transcender cette première cérémonie dont le but est le *Connais-toi toi-même* du fronton des temples grecs.

Un Franc-Maçon n'est pas un ascète, coupé du monde profane, mais il doit pourtant être conscient de la vanité des choses.

Cela explique la nécessité de laisser les métaux à la porte du temple car la seule richesse exigée est celle qui vient du cœur. Selon Aristote : *Ceux que l'on initie ne doivent pas apprendre quelque chose mais éprouver des émotions et être mis dans certaines dispositions.*

INSIGNE

Ornement maçonnique désignant le grade possédé par un Frère. (Voir *décors*.)

INSTALLATION

L'installation est une cérémonie pendant laquelle le Vénérable Maître, les Surveillants et tous les officiers de la Loge sont installés dans leur fonction, leur office. Tous doivent prêter serment sous l'autorité d'un dignitaire de l'ordre venu spécialement présider et diriger la Loge pendant le temps de l'installation, car la Loge ne peut rester sans direction.
Pendant l'installation, chaque officier se rend à l'Orient et prête serment, puis reçoit l'emblème de sa charge. Ce n'est qu'après cette cérémonie officielle qu'il entrera effectivement en fonction.

INTERDICTION DE LA FRANC-MAÇONNERIE

L'Église catholique romaine fut la première à interdire, sous peine d'excommunication, la Franc-Maçonnerie. Ainsi, le 4 mai 1738, le pape Clément XII condamna la Franc-Maçonnerie, dans sa bulle *In Eminenti* en la qualifiant de "nouveauté perverse" (*pravae novitates*). Toute personne faisant partie de la société des *Liberi Muratori* (Francs-Maçons en

latin) pouvait être excommuniée et privée d'absolution au moment de sa mort.
Cette bulle ne fut pas enregistrée par le Parlement et n'influa jamais, bien au contraire, le recrutement maçonnique. En 1751 une autre bulle papale, signée par Benoît XIV, *Providas Romanorum Pontificas*, confirma la précédente. De 1793 à 1796, les Loges maçonniques fermèrent presque toutes parce que la loi Le Chapelier interdisait les réunions.
Seuls quelques ateliers recommencèrent timidement leurs travaux dès la fin de la Terreur (1796). En 1865 une nouvelle condamnation papale interdit la Franc-Maçonnerie.
En 1922, ce fut le Parti communiste français qui interdit à ses membres de se faire initier en Franc-Maçonnerie. Entre 1935 et 1940, la montée du fascisme provoqua la dissolution de la plupart des Loges maçonniques en Europe de l'Est.
Entre 1940-1945, le gouvernement de Vichy dissout les sociétés secrètes. Le Grand Orient et la Grande Loge furent les premiers touchés et de nombreuses fonctions, notamment dans l'administration, furent interdites aux Francs-Maçons.
De 1945 à la chute des régimes communistes de l'Europe de l'Est en 1989, la Franc-Maçonnerie fut interdite, ses membres emprisonnés et condamnés à de lourdes peines pour espionnage ou trahison. Certains furent exécutés.

INVOCATION

La plupart des Loges débutent leurs travaux après une invocation, un appel à un principe supérieur ou à un idéal. Cette mise en forme de l'atelier parachève la sacralisation de l'atelier ouvert selon les rites symboliques. Au terme des travaux, une dernière invocation désacralise et ouvre le temple afin que les Frères retournent dans le monde profane. Selon les obédiences, on invoque Dieu, le Grand Architecte de l'Univers, l'Humanité ou ses grands principes.

IONIQUE

Style d'architecture aux formes intermédiaires entre la colonne dorique et la colonne corinthienne. Dans la symbolique maçonnique, la colonne ionique illustre le stade du labeur compagnonnique, le temps des réalisations et de l'expérimentation de l'enseignement reçu jusque-là, sur tous les plans, physique, intellectuel et spirituel. Dans l'ordre rituel, la colonne dorique manifeste la Sagesse, la colonne ionique la Force, et la colonne corinthienne la Beauté, trois vertus qui forment ensemble un être parfait.
Voir *corinthienne, dorique*,

IRRÉGULARITÉ MAÇONNIQUE

(Voir *régularité*.)

J

JAKIN

Non de la colonne de bronze que fondit Hiram et qu'il plaça à droite de l'entrée du temple édifié par Salomon. Placée à l'occident de la Loge maçonnique, cette colonne J, associée à la colonne B, marque aussi l'entrée du temple et le lieu où travaillent les compagnons au Rite Écossais et les Apprentis au Rite Français.

JAKIN ET BOAZ

Lorsque le maître Hiram vint fondre le bronze pour le temple édifié par Salomon, il fondit deux colonnes que l'on plaça à l'entrée de l'édifice. Celle de droite fut nommée Jakin, signifiant en hébreu *Il établira* et celle de gauche Boaz, qui signifie *Dans la force*, ce qui, en respectant le sens droite gauche de l'écriture hébraïque, signifie *Il établit [son temple] Dans la Force*. Jakin et la colonne J manifestent la lettre Yod

et symbolisent l'aspect solaire d'un principe, l'expérimentation et le travail. Boaz et la colonne B manifestent la lettre Beth et symbolisent l'aspect lunaire, nocturne, l'enseignement initiatique donné dans une Loge. Dans le rite Écossais, à l'image du temple de Salomon, la colonne J se situe à droite de l'entrée de la Loge (appelée aussi Temple) et la colonne B à gauche, l'une concernant les compagnons et l'autre les apprentis, tandis qu'au Rite Français et au Rite Écossais Rectifié la colonne J est à gauche et la colonne B à droite.
Quelle que soit leur place, les deux colonnes du temple symbolisent les tensions matérielles nécessaires à son équilibre. Les forces opposées s'annulent entre les deux colonnes, c'est pourquoi le rituel exige que des Frères dans leur office, ou un impétrant dans une phase initiatique, soient placés entre les colonnes avant de poursuivre un processus exigeant une parfaite sérénité. (Voir *Boaz, colonnes, Jakin.*)

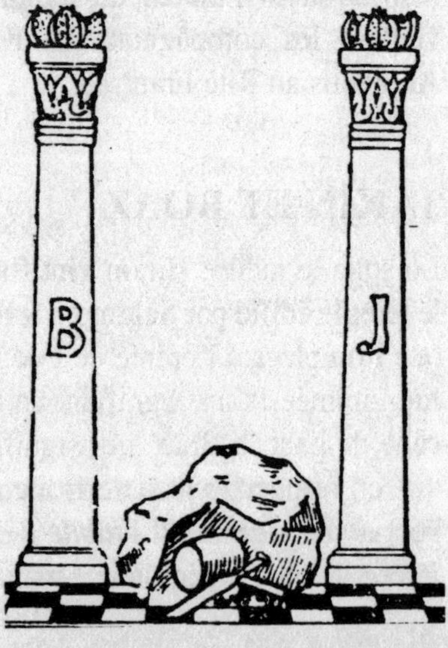

JEAN LE BAPTISTE et JEAN L'ÉVANGÉLISTE

Dans l'Antiquité, les fêtes de la Lumière se déroulaient au solstice d'hiver et au solstice d'été.
Malgré le mépris qu'il montrait pour le paganisme, c'est-à-dire les religions ayant existé avant son implantation, le christianisme conserva ces pratiques qu'il masqua sous les noms de fête de saint Jean l'Évangéliste (au moment de l'hiver) et fête de saint Jean le Baptiste (au moment de l'été), selon un cycle annuel que nul n'ignorait depuis l'aube de l'humanité. Phase ascendante de la Lumière pour Apollon, remplacé par Jean l'Évangéliste, phase descendante pour Dionysos, remplacé par Jean le Baptiste. La première, fêtée au moment de la plus longue nuit de l'année, marquant le début de l'hiver, et la seconde, fêtée le jour le plus long de l'année, marquant le début de l'été.
La relation entre les deux saints Jean et le dieu Janus au double visage, qui marquait quant à lui la fin et le début d'une année, est évidente.
Voir *saint Jean [Loge de].*)

JOFFRE JOSEPH

(1852-1931) Maréchal de France, héros de la bataille de la Marne en 1914. Issu de l'École Polytechnique, il mena sa carrière au Tonkin, au Soudan et à

Madagascar. Général en 1902, il fut commandant en chef des armées du nord en 1914. Il perdit la bataille des frontières en 1914 mais remporta celle de la Marne la même année. Il devint maréchal de France en 1917.

JUMELAGE

Deux Loges peuvent se jumeler, se lier entre elles par des marques de reconnaissance et d'amitié.
Généralement, les jumelages se font entre des Loges de pays différents, mais de même affinité.
De nos jours, si une Loge connaît des problèmes d'effectifs, elle peut, pour que les travaux perdurent, se lier à une autre Loge prête à l'aider ou connaissant les mêmes difficultés, car il faut sept Maîtres au minimum pour ouvrir les travaux.

JUNOT ANDOCHE

(1771-1813) Simple soldat dans l'armée de l'An II, il participa héroïquement à l'épopée napoléonienne et termina sa carrière comme général et ambassadeur de l'Empire.
Sa carrière militaire débuta lorsque Bonaparte remarqua le jeune soldat au siège de Toulon. Elle se termina lorsque la folie le frappe, après la campagne de Russie. Dépressif, il se suicida en 1813.

K

KABBALE

L'étymologie du mot Kabbale (hébreux *Kabbala*), signifie tradition ou plus exactement, *passage*, transmission de l'enseignement traditionnel.

On reconnaît généralement deux Kabbales. L'une transmettant un savoir sacré, l'autre amenant par l'enseignement vers la Lumière spirituelle.

Dans cette pratique, la compréhension des signes, des lettres et des nombres révèle les significations secrètes des textes sacrés permettant d'accéder par une autre voie que la lecture directe à la Connaissance.

Cette seconde lecture ne dément jamais la compréhension que l'on peut obtenir du texte lui-même.

La Franc-Maçonnerie et l'ésotérisme des XVIIIe et XIXe siècles ont utilisé sans retenue la kabbale sans en avoir toujours parfaitement maîtrisé le sens profond.

KADOSH

(Kadosh ou Kadosch). Saint en hébreu. Trentième degré du Rite Écossais Ancien et Accepté, dont la symbolique évoque la vengeance templière mais aussi la force et la pureté. Cette force n'est pas à considérer comme une puissance physique ou un pouvoir, mais plus exactement comme la cuirasse protectrice que portent les saints et les élus dans les récits bibliques faisant de la sainteté une force que rien ne peut réduire. Le terme vengeance templière ressort de cette symbolique et n'est en aucun cas le signal d'un combat temporel.

KELLERMAN FRANÇOIS

(1735-1820) Né à Strasbourg, il fut le vainqueur de la bataille de Valmy. Napoléon en fit l'un de ses maréchaux d'Empire.

KIPLING RUDYARD

(1865-1936) Journaliste et romancier anglais, auteur du *Livre de la jungle* et du poème *If* (Si) qui, après des recommandations morales, se termine par cette affirmation devenue légendaire : *Tu seras un homme mon fils*. Le Prix Nobel de littérature lui fut décerné en 1907 pour l'ensemble de son œuvre, laquelle recèle de nombreuses références maçonniques.

L

LABYRINTHE

Connu depuis l'Antiquité par la légende du Minotaure emprisonné par Dédale, le labyrinthe est peut-être à l'origine du pavé mosaïque (voir ce mot) représentant les différents obstacles que rencontre tout homme lorsqu'il suit une voie initiatique. Inscrit dans le dallage de certaines églises, le labyrinthe reproduit de manière visible un pèlerinage spirituel amenant le chrétien à suivre le chemin qui mène au plus profond de soi-même.

LACÉPÈDE BERNARD GERMAIN ÉTIENNE DE LA VILLE comte de

(1756-1825) Naturaliste, ami de Buffon avec lequel il collabora pour l'*Histoire naturelle*, il écrivit notamment une *Histoire naturelle des poissons*. Après la Terreur, il occupa une chaire au Muséum, puis écrivit une *Histoire générale de l'Europe*.

Labyrinthe de la cathédrale de Chartres

Labyrinthe de Chartres

LACLOS,
PIERRE CHODERLOS de

(1741-1803) Aristocrate, militaire, Franc-Maçon et libertin, auteur célèbre des *Liaisons Dangereuses*. Choderlos fut le secrétaire du duc d'Orléans lorsque celui-là occupait la fonction de Grand Maître, avant d'être officier dans l'Armée d'Italie, sous Bonaparte. Son style et ses analyses psychologiques influencèrent la littérature romantique du XIXe siècle.

LACS D'AMOUR

Voir Corde à nœuds.

LA FAYETTE GILBERT MOTIER
Marquis de

(1754-1834) Officier de l'armée royale, il dirigea les volontaires de l'armée française pendant la guerre d'Indépendance américaine (des Loges maçonniques américaines portent encore son nom). Commandant de la Garde nationale au début de la Révolution, il s'exila et, revenu en France, vécut en dehors de la vie politique sous l'Empire, refusant de s'y rallier. Il eut, en acceptant d'être l'un de leurs dignitaires mais en refusant de s'engager dans l'action armée, un rôle trouble dans le complot des Carbonari en 1821. Plus tard il contribua à l'avènement de Louis-Philippe.

LAKANAL JOSEPH

(1762-1845) Député à la Convention, puis créateur du muséum d'histoire naturelle et des Grandes Écoles, où il enseigna après avoir siégé au Directoire.
Il s'exila aux États-Unis après l'Empire, car la Restauration lui reprochait d'avoir voté, lorsqu'il était député, la mort de Louis XVI lorsqu'il était député.

LANDMARKS

Textuellement *bornes*.
Règles édictées par les fondateurs de la Franc-Maçonnerie anglaise, inspirées de l'ancien compagnonnage. Certains de ces Landmarks sont toujours respectés, notamment le 9e qui souligne la nécessité pour les maçons de se réunir en Loge, ou le 22e qui exige l'égalité entre tous les Maçons.
Cependant, avec le temps et les changements sociaux, le respect des Landmarks, qui déjà à l'origine variait selon les obédiences, s'atténua, notamment avec la création de nouveaux ordres.
Selon les règles décrétées unilatéralement par la Grande Loge Unie d'Angleterre (1929), lorsqu'un seul des huit Landmarks actuels est négligé ou transformé, l'obédience responsable est déclarée irrégulière, ce qui met, selon la Grande Loge Unie d'Angleterre, pratiquement tous les ordres dans l'ir-

régularité, notamment ceux qui ne présentent pas la Bible (nommée *Livre de la Loi Sacrée*) comme la première Lumière de la Loge maçonnique (sixième Landmark).
Pour les Ordres Maçonniques français, particulièrement pour le Grand Orient de France, le seul Landmark totalement admis est la totale liberté de conscience qui, paradoxalement, est à l'opposé des "bornes" imposées par les Landmarks anglais !

LARMES D'ARGENT

Les larmes d'argent ornent le linceul du Maître, lors de l'élévation au troisième degré, et symbolisent les rayons lunaires.

LEVIER

Outil droit et passif, comme la règle, le levier est un intermédiaire efficace apporté à l'homme dans son action sur la matière. *Donnez-moi un levier et je soulèverai le Monde*, se serait écrié le grand Archimède. Cet outil puissant ne paraît pas dans la panoplie des apprentis mais dans celle des Compagnons. Outre le maniement parfois difficile du levier, l'outil exige que l'ouvrier détermine avec sagesse et intelligence le choix d'un point d'appui adéquat.

LIBERTE, EGALITE, FRATERNITÉ

Devise républicaine et acclamation adoptée par le Grand Orient de France, que l'on peut mettre en regard de *Dieu et mon droit* conservé par les Loges dépendant de la Grande Loge Unie d'Angleterre. (Voir *acclamation, devise*.)

LINDBERGH CHARLES

(1902-1974) Aviateur américain qui le premier traversa l'Atlantique sans escale avec son monoplan, *Spirit of Saint-Louis*, les 20 et 21 mai 1927 en 33 heures. 30.

LIPTON sir THOMAS

(1850-1931) Négociant anglais qui fit fortune dans le commerce du thé. Il contribua, par des méthodes publicitaires originales, à répandre son usage en Europe.

LISZT FRANZ VON

(1811-1886) Compositeur hongrois, pianiste virtuose, il reçut à Vienne des leçons du célèbre Salieri, rival malheureux de Mozart. C'est à Paris que le génie de Franz Liszt s'épanouit. Il fréquenta notamment Chopin, Berlioz et Paganini. L'une de ses trois filles, Cosima, épousa Wagner en 1870. Il parcourut toutes les capitales d'Europe et fit, avec son ami Wagner, de la petite ville de Bayreuth (où il mourut) un grand centre musical.

LITTRÉ MAXIMILIEN PAUL ÉMILE

(1801-1881) Disciple d'Auguste Comte, il fut l'auteur d'ouvrages essentiels sur la langue française, dont son excellent *Dictionnaire*. Il se qualifiait d'agnostique positiviste.

LIVRE (SACRÉ)

Avec une majuscule, le Livre est l'ouvrage sacré posé sur l'Autel des serments, et sur lequel les Frères jurent leur fidélité à la Franc-Maçonnerie.

À l'origine, seule la Bible était utilisée pour ces serments mais, actuellement, notamment au Grand Orient de France, cet ouvrage est généralement remplacé par le recueil des lois maçonniques, la Constitution de l'Ordre, sans que cela soit limitatif, puisque certains ateliers choisissent le Code Civil ou des écrits sacrés de religions autres que le christianisme.

LIVRE D'ARCHITECTURE

Nom que l'on donne au cahier du secrétaire, dans lequel cet officier note tous les événements survenant dans la Loge durant chaque Tenue.

Au début de chaque Tenue, le secrétaire lit les résumés des travaux précédents et la liste des Frères qui y participaient à la tenue. Cette lecture ne doit comporter ni erreurs ni lacunes, pour être soumise à l'approbation et aux remarques de chacun des Maîtres.

Un vote doit approuver ce compte rendu avant qu'une nouvelle page soit ouverte. Un registre est nécessaire pour chacun des grades.

LOGE

La Loge, ou Atelier, est la cellule de base de la Franc-Maçonnerie. Ce mot désigne le local, orné du décor rituel où les Francs-Maçons des trois premiers degrés se réunissent, mais aussi l'ensemble des Francs-Maçons qui y travaillent.

Un Franc-Maçon appartient d'abord à la Loge où il a été initié. Il la nomme sa *Loge-Mère*. Chaque Loge possède un nom (la Loge des Neuf Sœurs, par exemple), un numéro (sauf au Grand Orient) et un Orient, ville à laquelle elle appartient. On dira par exemple : *L'Amitié et le Progrès, à l'Orient de Paris.*

En ce qui concerne la France, la Franc-Maçonnerie n'a pas inventé le terme de Loge qui était usité par les anciens compagnons constructeurs des cathédrales, qui établissaient une Loge sur les chantiers où ils travaillaient afin de se réunir hors du monde et de préparer leur tâche respective, d'y échanger des secrets de métiers et de régler la marche de leur Devoir (corporation ou Obédience).

On observera que les premières Loges anglaises tenaient leurs réunions dans des tavernes, dont elles prenaient le nom. C'est ainsi que les quatre Loges créatrices de la Grande Loge Anglaise portaient toutes des noms de cabaret (*L'oie et le Grill*, *La Couronne*, *La Taverne du Pommier*, *La Taverne de la coupe et la Grappe de Raisin*).

La *Loge d'en haut*, comme l'Orient Éternel, est la Loge où travaillent les Francs-Maçons qui ont déposé leurs outils, après leur décès.

C'est une règle toujours respectée, une Loge ne peut se créer ou ouvrir ses travaux que si elle compte au

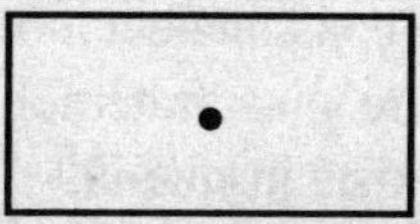

Représentation typographique d'une Loge (en haut) ou de plusieurs Loges (en bas) telle qu'on la trouve dans les Tuileurs (manuels de Franc-Maçonnerie) du XIXe siècle.

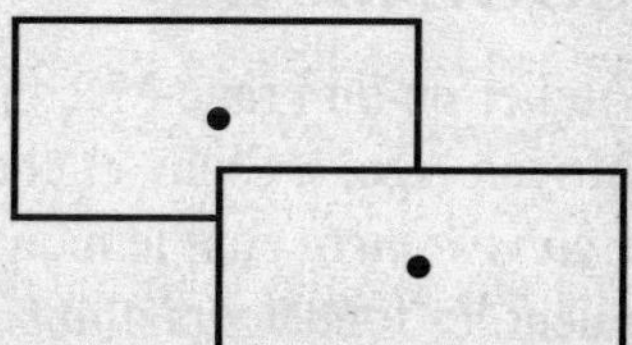

moins sept Maîtres car *Trois la dirigent, cinq la composent, et sept la rendent juste et parfaite*, selon la formule symbolique consacrée.
Lorsque l'on s'adresse à une Loge ou qu'on la mentionne rituellement pour une raison ou une autre, on fait précéder son nom de *Respectable Loge*, que l'on écrit R… L… Les plus anciens rituels montrent qu'à l'origine, il s'agissait pas de *Royale Loge*, car les Francs-Maçons comme les membres de la Rose-Croix, les constructeurs de cathédrales et les alchimistes pratiquaient tous l'Art Royal. Une Loge maçonnique peut être spirituelle et symbolique, telles celles qu'installaient, tout en marchant pendant leur promenade, les Francs-Maçons prisonniers de guerre en Allemagne, au cours de la dernière guerre. Les sept membres officiers se disposaient et énonçaient les phrases rituelles exactement comme s'ils avaient été entre les murs d'une construction solide, à l'insu des soldats surveillant leurs allées et venues. Les Frères de cette curieuse Loge constituaient alors une assemblée muette et peut-être plus fraternelle qu'aucune de celles qui avaient existé jusque-là.

LOGE-MÈRE

Atelier où un Franc-Maçon a reçu son Initiation. Au Moyen Âge, à Cluny et chez les moines cisterciens, *l'abbaye-mère* était le monastère d'origine d'où partaient les fondateurs d'*abbayes-filles*.

LOGE SAUVAGE

Loge qui refuse d'être rattachée à une Obédience.

LOGE SYMBOLIQUE ou LOGE BLEUE

Loge travaillant du premier au troisième degré (apprenti, compagnon et Maître). D'autres noms sont ensuite utilisés pour désigner des ateliers de degrés supérieurs.

LOGE DE PERFECTION

Loge travaillant du quatrième au quatorzième degré.

LOGES D'ADOPTION

Créées dans la seconde moitié du XVIIIe siècle, elles comptaient dans leurs rangs des hommes et des femmes, en opposition avec les Constitutions d'Anderson qui réservaient la Franc-Maçonnerie aux hommes. Des Frères français, dès 1750, organisèrent des Loges qui adoptaient des femmes pour quelques moments des tenues. Il fallut cependant attendre la fin du XIXe siècle pour que les femmes obtiennent des droits maçonniques identiques à ceux des hommes.

LOI DU SILENCE

C'est l'équivalent du Secret maçonnique. À la fin des travaux de Loge, il est recommandé aux Frères de ne pas dévoiler au dehors ce qui a été fait et dit durant la réunion. Une autre obligation de cette loi est de ne pas dévoiler le nom de Francs-Maçons à des profanes.

LOUVETON (LOUVETEAU)

Fils de Franc-Maçon, *lowton* en anglais. Mot utilisé chez les scouts, pour désigner les jeunes garçons.
On prétend que le créateur du scoutisme, Baden Powell (1857-1941), fut inspiré par la Franc-Maçonnerie bien qu'il n'ait jamais été initié. Mais il avait lu les ouvrages du Frère Rudyard Kipling (*le Livre de la jungle, Kim…*), et il est indéniable qu'il s'en inspira pour créer un mouvement éducatif qui, par la suite, fut récupéré, notamment en France, par des autorités religieuses pour encadrer “leurs” jeunesses (catholique et protestante).

LUMIÈRE

Les Francs-Maçons se disent à la fois Fils de la Veuve (c'est-à-dire de la Nuit) et Fils de la Lumière, c'est-à-dire fils du jour et du soleil. Au cours de leurs Travaux, ils sont en quête de la lumière, philosophique et spirituelle. Elle est la Connaissance déve-

loppée tout au long de la vie maçonnique.
Donner la lumière consiste, au terme de l'*i*nitiation, à enlever le bandeau couvrant les yeux du profane et à le plonger soudain dans la lumière de la Loge.
Pour montrer la différence existant entre la lumière du jour et la lumière intérieure, Diogène brandissait en plein jour une lampe allumée en disait qu'il cherchait un Homme, c'est-à-dire un initié ou quelqu'un propre à être initié.

LUMIÈRES DE LA LOGE

Par Lumières de la Loge les rituels maçonniques désignent les cinq officiers dignitaires de la Loge, constituée du Vénérable Maître, du Premier Surveillant et du Second Surveillant, de l'Orateur et du Secrétaire.
Les Grandes Lumières de la Loge sont constituées de l'Équerre, du Compas et du Livre Sacré et se trouvent placées sur l'autel des serments. Participent encore aux Lumières les cierges ou bougies au nombre de trois ou six qui illuminent les colonnes et les plateaux du Vénérable et des deux Surveillants.
À ces lumières rituelles s'ajoute chaque Frère présent sur les colonnes comme le signalaient les anciens rituels précisant à l'arrivée d'un Frère visiteur… *Nous recevrons avec reconnaissance le concours de vos lumières…*

LUMINAIRES

Le Soleil et la Lune qui ornent les ateliers maçonniques aux trois premiers grades sont les luminaires de la Loge, symboles du jour et de la nuit. Ils représentent les deux colonnes, Jakin et Boaz, et manifestent les travaux de l'apprentissage et de l'expérimentation. Lune et Soleil sont généralement placées derrière le Vénérable, le soleil à droite de son plateau et la lune à sa gauche. Les rayons solaires sont symbolisés par des lignes droites dorées, les rayons lunaires sont représentés par des larmes d'argent décorant les tentures noires (nuit et mort) de la Loge.

LUNE

Principe nocturne manifestant la Lumière dans les ténèbres, la Lune était, dans les religions antiques, illustration de la Grande Déesse Blanche, de la vie terrestre et universelle. Elle symbolise l'enseignement symbolique et initiatique. Opposé polaire du soleil, la Lune illustre avec lui le couple vital des mythologies. Qu'elle éclaire la nuit ou qu'elle disparaisse à intervalles réguliers, la lune symbolise les cycles de tout ce qui existe, autant sur le plan physique que sur le plan poétique et spirituel. La Lune symbolise tout autant le corps d'un individu que l'ensemble d'une nation (le peuple), que la mère et l'enfant, que la mort et son cortège et, aussi, une assemblée maçonnique appelée Loge ou Atelier.

M

MACADAM JOHN

(1756-1836) Ingénieur écossais inventeur du revêtement routier à base de pierres concassées qui porte son nom.

MAC ARTUR DOUGLAS

(1880-1964) Général de l'armée américaine qui reçut la capitulation du Japon en 1945.

MACÉ JEAN

(1815-1894) Pédagogue et publiciste français, journaliste républicain partisan de l'école publique laïque et fondateur, en 1866, de la *Ligue de l'enseignement*. Proche de Jules Verne, il aurait inspiré ce dernier dans son œuvre où l'on trouve de nombreuses références aux idéaux maçonniques, notamment en ce qui concerne l'éducation, la morale.

MAILLET

Symbole du commandement et de la volonté humaine qui peut transformer la matière, le maillet est, selon le Rite, à double face comme le marteau du dieu nordique Thor, ou avec un côté plat et un côté tranchant comme celui qu'utilisaient les tailleurs de pierre. Seuls le Vénérable Maître dirigeant les travaux et les deux Surveillants en sont équipés car il est un outil actif, permettant une réalisation immédiate. Il prolonge la puissance d'autres outils comme le ciseau et, par sa force et le bruit qu'il fait, symbolise la puissance et l'autorité de celui qui le tient, toujours de la main droite.

Afin de montrer que dans le Temple du Seigneur seul celui-ci avait pouvoir et autorité, le roi Salomon fit venir des pierres toutes taillées afin que ni marteau, ni hache, ni aucun instrument de fer ne soient entendus dans la maison pendant qu'on la construisait.

Lorsque le maillet retentit dans le silence de la Loge au début de la cérémonie d'ouverture des travaux, il annonce, comme un coup de tonnerre l'entrée de l'atelier dans le monde des symboles et des initiés.

Rituellement, le Vénérable est le premier maillet, le premier Surveillant est le deuxième maillet et le second Surveillant est le troisième maillet. Une information *transmise sous le maillet* signifie qu'elle doit impérativement rester secrète.

MAILLETS BATTANTS

Hommage rendu à un visiteur important, utilisé généralement en même temps que se forme la *voûte d'acier.* Le Vénérable et les Surveillants frappent alternativement leur maillet sur leur plateau, comme un roulement de tambour. (Voir *voûte d'acier*.)

MAILLON

Chaque Franc-Maçon est un élément de la chaîne qu'est la Franc-Maçonnerie dans son ensemble.
Un nouvel initié est ainsi un nouveau maillon et, inversement, lorsqu'un Frère meurt et disparaît à l'Orient Éternel, les Maçons disent qu'ils ont perdu un maillon de la chaîne.

MAISTRE Comte JOSEPH de

(1753-1821) Écrivain et philosophe, il s'opposa à la Révolution française et représenta le gouvernement piémontais à Saint-Pétersbourg. Partisan de l'illuminisme, à l'inverse des idéologues, il opposait la raison à la foi et à l'intuition.

MAITRE

Troisième et dernier grade de la Franc-Maçonnerie bleue, le Maître doit guider les Apprentis et les Compagnons dans leurs travaux.
Ce grade n'a pas existé aux débuts de la Maçonnerie spéculative car il n'était qu'un grade temporaire chez les compagnons, seulement attribué à celui qui était désigné pour diriger les travaux d'un chantier.
Le grade de Maître fut rapidement introduit au sein de la Franc-Maçonnerie spéculative, où des membres de l'aristocratie cherchaient à conserver leurs rangs alors que des membres de la bourgeoisie voulaient conquérir des honneurs.
Cependant, le grade de Maître fut lui-même dépassé par l'arrivée des Hauts Grades et des ateliers supérieurs, introduits notamment par le chevalier Ramsay. Le grade de maître se réfère à Maître Hiram et toute la symbolique de l'initiation à ce grade, l'exaltation, est fondée sur le mythe de sa mort.
Le grade de maître autorise celui qui le reçoit à quitter le monde du travail manuel, symbolisé par les outils (compas, équerre, niveau, perpendiculaire, levier) pour se voir attribuer la planche à tracer, permettant d'éditer des plans, que les ouvriers auront ensuite à réaliser. Il lui reste cependant un outil manuel, le maillet, qui est dans ce cas l'insigne de l'autorité et de la puissance. Le Maître peut voter, accéder à tous les postes d'officier et se placer où il le désire sur les colonnes de la Loge.

MAÎTRE DES BANQUETS

Officier qui organise les agapes, c'est-à-dire les repas rituels. C'est une charge pratique.

MAÎTRE DES CÉRÉMONIES

Officier responsable du bon déroulement de la Tenue, chargé d'accompagner tous ceux qui doivent, quelle que soit la raison, se déplacer dans la Loge. Le Maître des Cérémonies tient dans la main droite un bâton qui lui donne l'autorité et la Connaissance de la marche terrestre tandis que le Grand Expert tient l'épée symboliquement destinée à montrer puissance et mission terrestre. Lors des circulations dans le temple, le Maître des Cérémonies frappe le sol avec son bâton et, suivant les rites, allume ou éteint certains cierges. Il est placé dans le temple face au Maître Grand Expert dont il est l'aspect complémentaire. À la fin des travaux, il fait circuler dans le temple le sac des propositions (le tronc de la Veuve tenu par le Frère hospitalier). Sa situation dans la Loge correspond au dieu et à la planète Mercure.

MANICHÉENS

Les manichéens composèrent une secte gnostique qui s'érigea en religion afin d'être accessible à tous. La secte était issue des thèses de Mani, iranien du IIIe

siècle, et composée de deux groupes :
— les *Catéchumènes* ou simples croyants
— les *Élus* initiés ou mystiques ayant suivi un ascétisme rigoureux.
Le manichéisme déclarait que le bien et le mal étaient deux principes égaux, fondamentaux et antagonistes. Ces conceptions, comme celles des gnostiques, eurent la faveur de penseurs et ésotéristes du Moyen Âge et de la Renaissance, et perdurèrent jusqu'à notre époque. Les Cathares s'en inspirèrent.
L'Église catholique mit tout en œuvre, notamment avec l'Inquisition, pour que cette dissidence disparaisse mais elle subsista en son sein, comme le montre l'opposition permanente mettant aux prises le Diable et le bon Dieu, saint Georges et le Dragon, les bienfaits de la Lumière et le mal caché dans les ténèbres, c'est-à-dire jour et nuit, souvent assimilés au Dieu et à Satan.

MARAT JEAN-PAUL

(1743-1793) Médecin installé à Londres, rallié à la Révolution, il fonda *l'Ami du peuple* dans lequel il se faisait le chantre d'une Révolution violente.
Membre du club des Cordeliers (1791), il fut assassiné dans sa baignoire (atteint d'une maladie de peau, il se soignait par des bains quotidiens) par Charlotte Corday le 13 juillet 1793.

MARCHE

Manière de se déplacer particulière aux Francs-Maçons, qui est à la fois une pratique rituelle et symbolique, et une façon de se présenter, afin d'annoncer l'appartenance à tel ou tel niveau maçonnique.
L'Apprenti se déplace suivant une trajectoire proche de la ligne droite, toujours associée à l'horizontale, tandis que la marche du Compagnon prolonge cette direction de deux pas rappelant la verticale, car ces deux dimensions lui sont acquises. Bien que restant comme l'apprenti sur le niveau terrestre, il peut ainsi, symboliquement, aller partout sur la terre, suivant ses connaissances lui permettant toujours de retrouver le chemin initiatique.
Le Maître amplifie ce processus et, aux trois pas de l'apprenti et aux deux pas de compagnon, il ajoute deux autres pas de telle sorte qu'il semble éviter l'obstacle fait par le cadavre de Maître Hiram gisant sur le sol du temple.
Les pas de Maître ajoutent l'espace au niveau terrestre montré par les précédentes marches.
Cela signifie qu'il a acquis toutes les connaissances nécessaires à son art, tandis que son pas de côté rappelle la légende de Maître Hiram et son assassinat. Maîtrisant ses passions et ses jugements, le Maître sait ce qu'il doit faire et sait comment le faire. Il évite les obstacles car il connaît la bonne direction.
Dans la pratique courante, on peut observer que seule la marche de l'apprenti est utilisée, notamment

pour se présenter lorsque l'on entre dans un Temple déjà couvert.

La marche du maître et celle du compagnon ne sont pratiquées qu'à l'occasion de tenues particulières et d'initiation. Par ailleurs, sans que de véritables raisons le justifient, le Rite Écossais débute ses marches du pied gauche alors que le Rite Français les débute du pied droit. Selon la symbolique traditionnelle, la première avancerait en priorité vers l'enseignement et la seconde vers l'action.

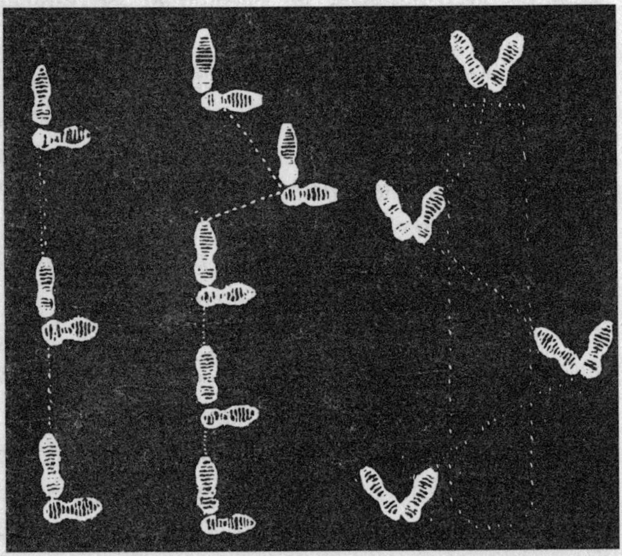

De gauche à droite : marches aux grades d'Apprenti, de Compagnon, de Maître.

MARCHES SYMBOLIQUES

Depuis l'Antiquité, un emplacement sacré est toujours séparé du plan horizontal par trois niveaux, ou degrés, de telle sorte que l'on ne puisse assimiler le monde profane au monde divin. Trois marches amenaient à l'autel ou sur le lieu des sacrifices, ce que l'on reconnaît encore dans la plupart des anciens temples, et des églises édifiées rituellement. Il en va de même pour le plateau du Vénérable Maître dans les Loges maçonniques.
Le tableau de l'Apprenti représente ces trois marches qui invitent ceux qui travaillent à ce grade, à franchir les trois plans qui se définissent comme physique, intellectuel et initiatique, mais aussi comme l'enfance, l'âge adulte et la vieillesse, ou encore, maçonniquement, les niveaux d'apprenti, de compagnon et de maître. Le tableau du compagnon présente cinq marches tandis que celui de maître n'en présente plus puisque le maître a atteint la perfection des trois niveaux. Cela n'est cependant pas une pratique identique dans toutes les obédiences.

MARSHALL GEORGE

(1880-1959) Général et homme d'État américain, auteur du fameux Plan Marshall (1947), destiné à aider la reconstruction de l'Europe occidentale après les ravages de la Seconde Guerre mondiale.

MASSENA ANDRE duc DE RIVOLI

(1756-1817) Général à trente-sept ans, officier des volontaires du Var, il fut l'un des artisans de la victoire de Rivoli (1803).
Fait Maréchal de France en 1804 par Napoléon Ier, il le seconda utilement dans la bataille victorieuse de Marengo. Il se rallia ensuite aux Bourbons en 1814.

MAZZINI GIUSEPPE

(1805-1872) Révolutionnaire et patriote italien qui participa aux luttes pour l'indépendance et l'unité de son pays. Socialiste, ses concepts préfigurent le marxisme par de nombreux points.

MERCURE

Le Mercure est, avec le Soufre (symbole de l'esprit) et le Sel (symbole de la Sagesse et de la Science) l'un des trois principes hermétiques figurant dans le Cabinet de Réflexion.
Pour les alchimistes, le Mercure était le principe femelle, le Soufre le principe mâle, et le Sel le principe neutre. Ils retrouvaient ces trois principes dans tous les corps. Le Mercure est symbolisé par le coq (voir ce mot), attribut d'Hermès, et représentation de la hardiesse et de la vigilance.

MESMER FRANZ ANTON

(1734-1815) Médecin allemand, auteur de recherches sur le magnétisme, auquel il prêtait des vertus curatives universelles.

Il assurait pouvoir diriger le magnétisme animal, un fluide présent en chacun être vivant.

Avec quelques-uns de ses disciples et de ses patients, il créa la *Société de l'Harmonie*, sorte de Franc-Maçonnerie thérapeutique qui remporta un vif succès.

Condamné par ses contemporains, il apparaît cependant aujourd'hui comme un précurseur.

MÉTAUX

Dans la symbolique maçonnique, les métaux manifestent toutes les préoccupations étrangères aux travaux de la Loge.

L'expression *Laisser ses métaux à la porte du Temple* signifie donc que les Francs-Maçons, le temps de leur tenue en Loge, se détachent des intérêts et des considérations d'ordre matériel.

C'est la raison pour laquelle on demande au profane séjournant dans le cabinet de réflexion d'enlever tout ce qu'il possède de métallique et de le remettre dans une enveloppe qu'on lui restituera après la cérémonie, afin que dès son initiation il connaisse un premier détachement des choses du monde.

Les métaux représentent, en effet, non seulement l'argent et la réussite sociale, parfois sources d'iné-galité, mais aussi l'orgueil et le pouvoir, bannis dans les Loges maçonniques et les rapports fraternels.
Ces métaux sont par ailleurs, selon la symbolique alchimique, en relation avec les énergies planétaires. Ainsi, le Soleil est illustré sur la terre par l'Or et le Souffre, la Lune par l'Argent et le Mercure, la terre, ou le Sel étant l'homme lui-même dans cette symbo-lique que, précisons-le, de nombreux Francs-Maçons refusent d'admettre dans la symbolique maçonnique.

MIDI

Apogée du soleil, apothéose de la Lumière spirituel-le, le Midi est à la fois l'heure symbolique à laquel-le les Francs-Maçons commencent leurs travaux et le lieu, éclairé par le soleil, c'est-à-dire la conscience, où les compagnons exécutent leurs travaux, car c'est là où la lumière est la plus intense. Opposé polaire du Septentrion (Nord) illustrant la nuit, le froid, la lune, les apprentis et l'enseignement, le Midi (Sud) repré-sente le jour, le chaud, le soleil, les compagnons et l'expérimentation.
(Voir *heures maçonniques*.)

MINUIT

Heure symbolique à laquelle les Francs-Maçons ferment leurs travaux, moment où l'obscurité recouvre le Temple. Lorsque débutent les Travaux, il est Midi plein. Lorsqu'ils s'achèvent il est Minuit plein car le labeur de la conscience suit le processus lumineux qui rythme la vie terrestre. C'est pourquoi les fêtes maçonniques honorent les deux solstices, saint Jean d'hiver et saint Jean d'été.

MIROIR

Le miroir n'est utilisé en maçonnique qu'au terme de la cérémonie d'initiation, lorsqu'il est demandé au nouvel initié de reconnaître son pire ennemi.

Il doit alors se retourner afin de découvrir un simple miroir qui lui montre son propre visage. Cette phase un peu dramatique de la cérémonie a pour but de montrer à l'impétrant que l'homme possède en lui les germes de sa perfection la plus complète, comme les armes de sa propre destruction.

Tel la lune reflétant le soleil, le miroir montre une lumière qui n'est pas la sienne, une image qui n'est que celle qu'on lui présente, et qui est inversée.

Dans la symbolique traditionnelle, le miroir est à la fois un symbole de vanité, on l'entoure alors de rayons solaires mais aussi, à l'inverse, de vérité et de prudence.

MONGE GASPARD

(1746-1818) Mathématicien rallié à la Révolution qui contribua à la création de l'École Normale et à celle de Polytechnique. Il fut le premier à exposer les principes de la géométrie descriptive.

MONTESQUIEU CHARLES DE SECONDAT baron de LA BRÈDE

(1689-1755) Écrivain et philosophe dont l'œuvre inspira la rédaction des *Constitutions maçonniques* de 1791. Ses *Lettres persanes*, peinture anonyme et critique de l'Ancien Régime influencent la société philosophique de son époque.
Ses ouvrages *De l'esprit des lois*, suivi d'une *Défense de l'esprit des lois* le désignent comme un penseur libéral avide de réformes (séparation des pouvoirs). En même temps, il développa l'idée nouvelle du respect de la personne humaine.

MONTGOLFIER ÉTIENNE

(1745-1799) Inventeur, avec son frère Joseph, du ballon à air chaud. Jacques Montgolfier, papetier d'Annonay, fut le premier homme, avec Pilâtre de Rosier, également Franc-Maçon, à s'élever dans les airs avec un aérostat.

MORCEAU D'ARCHITECTURE

Travail, ou plus exactement *Planche*, faite par un Frère dans une Loge, soit sur demande du Vénérable Maître soit spontanément sur un sujet laissé au libre choix de l'intervenant.

Parmi les morceaux d'architecture imposés se trouvent ceux que doivent fournir les apprentis proposés pour une augmentation de salaire les amenant au grade de compagnon, et celles faites par les compagnons proposés à l'exaltation au grade de maître.

MORT

Si l'on excepte le fait que toute initiation est nécessairement une mort à un état, afin d'en acquérir un nouveau, la mort n'est représentée dans les Loges maçonniques qu'au moment de la première initiation, menant le profane vers l'initié apprenti, et la troisième, conduisant le compagnon à la maîtrise.

Les travaux des Francs-Maçons œuvrent précisément entre Midi et Minuit, c'est-à-dire entre deux morts symboliques successives.

Descartes affirme dans ses *Méditations métaphysiques* que pour accéder à une connaissance sûre et sans faille, il faut oublier tout ce que l'on a appris avant. Être un Initié, c'est d'abord apprendre à mourir à soi-même et renaître à la conscience. La mort, par le crâne, est visible sur les tableaux de Loge, parfois comme décor de Loge, et dans le rappel du meurtre d'Hiram, montrant qu'il faut mourir sur le plan physique pour atteindre l'universel. En Maçonnerie, la mort est surtout montrée comme le palier indispensable à de nouvelles démarches, un moment nécessaire dans le processus de transformation.

MORTIER ÉDOUARD

(1768-1835) Simple soldat de la Garde nationale qui devint maréchal de France, puis ambassadeur et Président du Conseil sous les Bourbons. Rallié à Louis XVIII après l'Empire, il ne participa pas aux Cent Jours. Après le second retour de Louis XVIII, il refusa de voter la mort du maréchal Ney et fut tué lors de l'attentat de Fieschi contre Louis-Philippe.

MOTS SACRÉS

Tous les grades sont représentés par certains mots, dits sacrés, correspondant au niveau qu'ils représentent. C'est ainsi que de l'apprenti au Franc-Maçon initié au trente-troisième degré, une série de mots, souvent hébraïques depuis le XIXe siècle, doivent accompagner les signes et attouchements d'un Frère qui se présente rituellement. Comme tout symbole, ces mots ont toujours une signification et un sens caché seulement compris de ceux qui appartiennent au niveau considéré.

MOTS DE SEMESTRE

Grâce aux mots de passe et de reconnaissance changeant régulièrement, l'entrée des temples peut être contrôlée.
Le mot sacré est invariable pour chaque grade et se donne lors des initiations ou élévations de grade tandis que le mot de semestre, comme son nom l'indique, est changé deux fois par an. Il doit être obligatoirement prononcé au tuileur (huissier) installé devant l'entrée du temple.

MOZART WOLFGANG AMADEUS

(1756-1791) Compositeur autrichien, entré en Maçonnerie à vingt-quatre ans. Génie aussi talentueux que précoce de la musique, il composa des œuvres d'inspiration maçonnique, dont *la Flûte enchantée* et de nombreuses musiques concernant les moments particuliers des rituels maçonniques.

MURAT JOACHIM

(1757-1815) Brillant cavalier qui participa à l'épopée napoléonienne. Roi de Naples, il tenta de sauver son trône après la défaite de Napoléon Ier, dont il épousa la sœur Caroline, mais fut fusillé par les Autrichiens.

MYSTERES ANTIQUES

Les mystères égyptiens étaient des drames divins où les prêtres, cachés derrière des masques, tenaient le rôle des dieux. Ces mystères enseignaient les néophytes et leur apprenaient à reconnaître les énergies des trois mondes, céleste, terrestre et souterrain, ainsi que la manière la plus sage de participer aux cycles de vie, de mort et de renaissance.

Les prêtres donnaient aussi les justes paroles que les défunts devraient un jour prononcer devant les juges et gardiens des portes de l'Autre Monde.

Cette pratique est très certainement à l'origine des mots sacrés de la Franc-Maçonnerie actuelle. Ces cérémonies sont peut-être aussi à l'origine du théâtre. Elles permettaient de vivre avec sagesse et sérénité sur la Terre, puis de traverser victorieusement les épreuves du monde du dessous tel que le présente de nos jours le Livre des Morts tibétains (*Bardo Thôdol*).

En Grèce, les Mystères d'Éleusis honoraient la déesse Déméter qui les avait fondés avant de quitter la Terre. Il s'agissait, à l'origine, de célébrer les mystères de la végétation et son cycle, symbolisés par la saison d'été et la saison d'hiver, la vie physique et la mort.

Dans le sanctuaire d'Éleusis, qui fut tout d'abord un lieu de culte populaire, on initia ensuite une élite qui contribua à faire naître des doctrines telles que l'hermétisme, l'orphisme et les écoles gnostiques.

N

NADIR

Le Nadir (d'un mot arabe signifiant *opposé*) est à l'opposé du Zénith (voir ce mot).
La hauteur du Temple, selon certains rituels, *va du Nadir au Zénith.*

NIVEAU

Outil en forme de triangle isocèle (équerre dont l'angle au sommet est de 90 degrés exactement) au sommet duquel est attaché un fil à plomb (dit aussi Perpendiculaire) comportant à sa base des graduations permettant de mesurer les pentes. Symboliquement, l'Apprenti va de la Perpendiculaire au Niveau pour devenir Compagnon, ce qui signifie qu'il applique les premières règles de l'art qu'il vient d'apprendre pendant son temps d'écoute et d'enseignement. Le niveau est représenté sous la forme d'une équerre soutenant un fil à plomb. Il donne

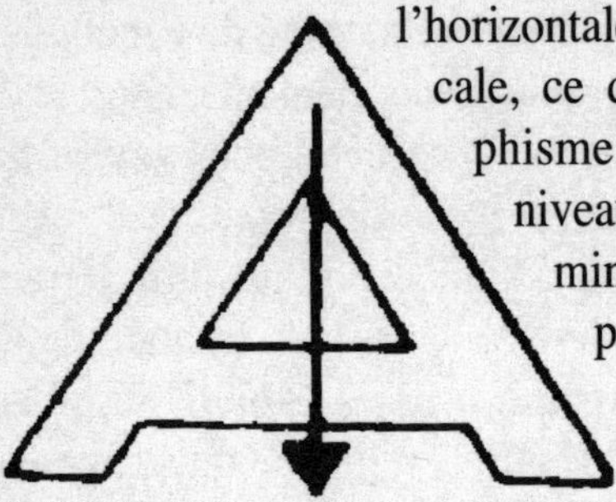

l'horizontale ainsi que la verticale, ce qui ébauche le graphisme de la croix. Le niveau symbolise le chemin horizontal assisté par la conscience et la spiritualité, représenté par l'axe vertical.

(Voir *croix, équerre, fil à plomb, geste, perpendiculaire.*)

NOMBRES

Dans la symbolique maçonnique, les nombres participent en permanence aux rituels de toutes les cérémonies, comme au symbolisme de tous les grades.

La suite symbolique des nombres, base de l'enseignement pythagoricien, est aussi ancienne que la tradition et constitue une constante de l'enseignement initiatique, mystique et hermétique.

C'est ainsi que du 1 de l'origine naît le 2 lorsque le 1 prend conscience de lui-même. Notamment par un rite initiatique par lequel l'être se découvre.

De cette découverte apparaît une réflexion intuitive, le nombre 3, qui se concrétise par une incarnation, ou réalisation, dans la matière ou la manière d'exister, suivant le symbolisme du nombre 4. De ce dernier naissent les œuvres, nombre 5, l'attitude sociale et humaine, nombre 6, et enfin l'autorité de l'individu, sa maîtrise de l'ensemble de ces éléments, nombre 7. Les autres nombres se succèdent pour ouvrir le champ de conscience vers l'infini, nombre 8, et la totale maîtrise, nombre 9, tandis qu'un autre terrain d'expérimentation s'ouvre alors avec le nombre 10 qui débute un nouveau processus évolutif jusqu'au nombre 33 qui semble être le terme de tous chemins d'initiation terrestre.

C'est la raison pour laquelle les grades traditionnels s'arrêtent à ce nombre, qui est aussi l'âge de la fin de l'existence terrestre de certains personnages aussi mythiques qu'Alexandre le Grand, ou le Christ, tous deux morts à 33 ans.

La combinaison de tous ces nombres liés aux lettres d'un alphabet (notamment grec et hébraïque) permet de découvrir ou d'affiner les descriptions de certains récits obscurs, et d'en comprendre les significations non dévoilées.

Dans les ateliers maçonniques, les neuf premiers nombres sont visibles suivant la progression donnée plus haut. Depuis l'entité de la Loge, 1, au nombre du Vénérable Maître, 9, du premier au trente-troisième grade, tous les nombres sont associés dans l'enseignement traditionnel transmis depuis des millénaires.

NORD

Appelé aussi Septentrion, du nom des sept étoiles se trouvant dans cette direction céleste, le Nord est opposé, ou fait face, au Midi.

Symboliquement, on affirme que la lumière n'éclaire jamais le Nord simplement parce que le soleil ne s'y déplace pas directement mais y envoie seulement ses rayons.

Dans la Loge, le côté Nord se nomme Colonne du Nord. C'est là que l'on trouve l'enseignement et que l'on y place les Apprentis, car ils ne possèdent pas encore assez de maturité pour affronter la lumière crue de l'expérimentation.

O

OBÉDIENCE

Fédération de Loges regroupées sous une même autorité administrative. Dans une même Obédience, des Rites différents peuvent coexister et permettre aux Frères de travailler de manière plus personnalisée.
Cependant, quoique relevant d'une autorité suprême, une Loge maçonnique appartenant à une obédience reste toujours souveraine car l'obédience n'est qu'un pouvoir administratif.
Il arrive que des ateliers quittent une obédience pour en intégrer une autre.

OBOLE

Petite somme d'argent que les Francs-Maçons donnent à chaque tenue pour aider leurs Frères nécessiteux ou pour participer à des œuvres collectives de charité ou tout autre cause humanitaire.

OCCIDENT (OUEST)

Avec l'Orient (Est), l'Occident délimite la longueur de la Loge dont l'entrée se fait en passant entre les deux colonnes Jakin et Boaz.

Contrairement au fonctionnement solaire qui reproduit dans la circulation la marche apparente de la lumière sur la terre et place le Vénérable Maître à l'Orient, les anciens rituels compagnonniques situaient le responsable de leurs Loges à l'Occident afin qu'il dirige les travaux en ayant toujours le soleil (énergie et divinité) en face de lui et qu'il le redistribue, tel un miroir, sur l'ensemble des compagnons.

Cette position semble la plus naturellement symbolique puisque traditionnellement, c'est toujours à l'Ouest que se trouve la Connaissance.

C'est ce que démontrent tous les voyages symboliques des héros des mythologies antiques.

On observe que dans les églises traditionnelles, les mausolées et les gisants ont toujours la tête disposée à l'Ouest, de telle sorte qu'ils puissent participer chaque jour au lever de la lumière, et être les premiers témoins de la parousie, c'est-à-dire du retour du Christ sur la terre.

OCCULTISME

Du latin *occultus*, c'est-à-dire caché, le mot occultisme signifie qu'un sens ou une vérité sont voilés volontairement aux yeux ou à l'entendement des personnes non averties ou profanes, à l'inverse du mot ésotérisme signifiant quant à lui qu'un sens plus profond que le sens commun se trouve dans une expression, une œuvre ou un symbole.

L'occultisme cache et promet de dévoiler ce qu'il cache à quelques disciples ou adeptes particulièrement choisis ou cooptés. Ces précautions ont souvent eu pour but de se prémunir des curieux ou des inquisiteurs, aussi destructeurs, quoique différemment, les uns que les autres. Le but avoué et lointain de l'occultisme est de découvrir le secret des secrets, ce qu'il y a de plus caché depuis le temps de la création, la vie et la Connaissance universelle.

L'alchimie est la discipline la plus connue des pratiques occultes à laquelle se joint la magie des minéraux, des plantes et des pentacles et toutes les pratiques qui réalisèrent des miracles ou actions étonnantes dignes de rester dans la mémoire collective.

Pour lutter contre ce qui se dérobait à l'entendement habituel, on associa l'occultisme au satanisme et on le pourchassa sans trêve sous ce prétexte improbable.

Dans la plupart des cas, l'occultiste se consacre corps et âme à une recherche mystique, donc solitaire et discrète, lui permettant de découvrir parfois la vérité qu'il recherche comme le plus grand trésor qu'il soit possible de trouver. Selon Gérard Encausse (Papus), l'occultisme est *l'ensemble des théories, des pratiques et des voies de réalisation dérivées de la Science occulte, ayant ses théories, ses méthodes et ses procédés de diffusion et d'enseignement. De là, la difficulté de bien connaître cette doctrine pour ceux qui n'ont pas pénétré dans les centres où elle est enseignée et les erreurs nombreuses commises par les critiques qui l'ont jugée sans la connaître.*

ŒIL

Selon Maître Eckhart : *L'œil qui me sert à voir Dieu est cet œil-là même par quoi Dieu me voit.*
Dans la symbolique traditionnelle, l'Œil représente Dieu et la conscience humaine. L'œil se retrouve en Loge dans certains bijoux d'officiers, comme celui de l'expert, symbole de sa connaissance et de sa vigilance. Celle-ci est connue depuis les Grecs qui assuraient qu'Hélios voyait tout ce qui se passait sur la terre. De même, Argos Panoptès (celui qui voit tout), était un géant invincible possédant cent yeux, qui pouvait dormir en fermant cinquante yeux tandis que les cinquante autres conti-

nuaient de veiller. Zeus le tua et la déesse Héra plaça les yeux d'Argos sur les plumes du paon qui devint son animal sacré et favori.

Dans de nombreuses églises baroques, Dieu manifesté par un œil est figuré au cœur d'un delta lumineux identique à ceux que l'on retrouve dans les Loges maçonniques. Pour les chrétiens, Dieu, comme les dieux solaires de l'Antiquité, voit tout, c'est pourquoi rien ne peut se faire autrement que sous son regard.

OFFICE

Charge d'un officier (d'où il tire son nom) dans une Loge. Il existe plusieurs charges électives, notamment celles de Vénérable Maître, de Premier et Second Surveillant, d'Orateur, de Secrétaire, d'Expert, de Maître des Cérémonies, de Trésorier, de Couvreur et d'Hospitalier. Ces charges ou offices, sont sensiblement les mêmes dans toutes les obédiences et tous les rituels.

OFFICIERS

Ceux qui officient et sont responsables d'un office indispensable pour que l'atelier puisse travailler. Leur nombre et leur place varient selon les rites et les obédiences. L'ensemble des Officiers constitue le *Collège*. On compte neuf à dix officiers par Loge. La charge qu'ils occupent n'est pas seulement honorifique, elle exige une grande attention car du respect du rituel et de l'organisation pratique de la Loge dépend la qualité du travail de chacun et de l'ensemble de l'atelier.

OLD CHARGES

Textes employés pour les initiations et augmentations de salaires, au tout début de l'histoire de la Franc-Maçonnerie. Ils sont tirés des règlements employés par les compagnons bâtisseurs et visent surtout à inculquer et promouvoir la loyauté, l'usage unique de la parole véridique, l'amour du travail bien fait, la rigueur, l'honnêteté, le respect des autres et le sens de la justice, dans ce que l'on fait et dans les rapports que l'on a avec autrui. De plus, les Old Charges précisent le comportement et la discipline que doivent observer les Francs-Maçons pendant les tenues et dans la société en règle générale.

OPÉRATIF

Terme que l'on a longtemps, par méconnaissance, opposé au terme spéculatif. En réalité, le maçon opératif était un Compagnon constructeur qui travaillait physiquement à l'édification du temple. C'était un ouvrier au sens noble du terme. Le maçon spéculatif, quant à lui, poursuit cette œuvre par une démarche toute symbolique et initiatique dont le but est tout d'abord d'acquérir la Connaissance, de soi et du monde, afin de participer à l'édification du temple universel, c'est pourquoi l'opposition opératif-spéculatif est-elle maintenant totalement dépourvue d'intérêt.

ORATEUR

Officier gardien des règlements de la Loge, placé à la gauche du Vénérable Maître à l'Orient de la Loge. Il conclut les travaux de la Loge et, en cas de litige, arbitre le débat dans le respect du règlement.

Il est le seul à pouvoir faire quelques observations, d'ordre maçonnique, au Vénérable Maître pendant les travaux. Après l'initiation de nouveaux Frères, l'orateur est chargé, au nom de l'atelier, d'accueillir et de souhaiter la bienvenue aux nouveaux venus. Sa situation dans la Loge correspond au dieu Apollon et au Soleil.

Bijou d'orateur du XVIIIe siècle.

ORDRE

Le sens le plus connu de ce mot en fait un synonyme du mot obédience ou de Franc-Maçonnerie universelle. Ce terme est appliqué aussi aux différentes communautés rosicruciennes. En Loge, le terme prend une valeur symbolique et rituelle exigeant que lorsqu'un Maçon circule ou prend la parole il se mette à l'ordre, se plaçant sous l'autorité du Vénérable Maître et signifiant qu'il mesure sa faculté d'expression. Quel que soit le degré dans lequel ils travaillent, tous les Maçons doivent se mettre à l'ordre chaque fois qu'ils ont à s'exprimer au cours d'une tenue, notamment lorsqu'ils s'adressent au Vénérable Maître qui est le seul élément de la Loge à ne pas être tenu par cette attitude. Au grade d'Apprenti, la mise à l'ordre se fait en plaçant la main à hauteur de la gorge. Au grade de Compagnon, en plaçant la main à hauteur du cœur et au grade de Maître en la plaçant devant l'abdomen. Vénérable et Surveillants se mettent à l'ordre en plaçant leur maillet tenu dans la main droite près du cœur.

ORDRE DU JOUR

Plan de travail de la Tenue, généralement élaboré lors du Collège des Officiers, qui recense les questions qui y seront traitées. Toute question qui n'y est pas inscrite ne peut être traitée ce jour-là par l'Atelier.

ORIENT

L'Est, l'endroit où se lève le soleil, source de lumière et de vie, est le lieu où l'on reçoit l'initiation. C'est l'une des quatre directions employées dans l'orientation du temple. Dans le temple, le plateau du Vénérable Maître est installé à l'Orient tandis que l'expression *Passer à l'Orient Éternel* signifie qu'un Franc-Maçon vient de mourir, qu'il a donc déposé ses outils et rejoint l'éternelle Lumière, à la manière où les anciens Égyptiens assuraient retourner dans le corps lumineux d'Osiris avant de devenir eux-mêmes Osiris. *Orient de...* signifie Ville de... ou Pays de... On parlera ainsi de l'Orient de Paris, ou de l'Orient de France.

ORIENT ÉTERNEL

Voir Orient.

ORIENTATION

Disposition du temple suivant les quatre points cardinaux. Le Vénérable Maître siège à l'Orient car il reçoit et fait émaner la Lumière de l'atelier.
Tous les Frères de l'atelier se tournent vers lui pour la recevoir. L'orientation du temple maçonnique fait que celui-ci soit tourné vers la naissance de la Lumière, physique et symbolique,

C'est pourquoi la déambulation dans le temple s'organise de manière à reproduire le déplacement de la lumière sur la surface terrestre, c'est-à-dire de la gauche vers la droite.

ORLÉANS PHILIPPE D' dit PHILIPPE-ÉGALITÉ

(1747-1793) Père de Louis-Philippe, cousin de Louis XVI dont il vota la mort alors qu'il était député à la Convention.
Grand Maître du Grand Orient, il fut déchu de ses fonctions après avoir renié la Franc-Maçonnerie. En signe d'infamie son épée de Grand Maître fut brisée en Loge. Il fut guillotiné en 1793.

OUTILS

Créés par l'intelligence de l'homme afin qu'ils prolongent la puissance et la dextérité de la main, les outils sont les accessoires permettant de transformer la matière.
La Franc-Maçonnerie spéculative les utilise de manière symbolique et chacun d'entre eux possède une signification propre, attribuée selon les offices, les grades et les différents rites.
Les outils constituent l'apport le plus évident et vérifiable du Compagnonnage à la Franc-Maçonnerie.

Les principaux outils maçonniques sont :

— Le *compas* (outil du Grand Architecte de l'Univers, outil de la conscience, de l'exactitude de la mesure, dont le degré d'ouverture marque le grade du Franc-Maçon)
— Le *ciseau* (symbole de discernement)
— L'*équerre* (symbole de rectitude, droiture)
— La *hache* (symbole de dégrossissage)
— Le *levier* (symbole de volonté)
— Le *maillet* (symbole de force)
— Le *niveau* (symbole d'égalité et d'équilibre)
— La *perpendiculaire* (symbole de profondeur)
— La *règle* (précision)
— La *truelle* (cohésion).

OUVERTURE

Première partie du rituel permettant la consécration du Temple.
Elle se fait après que tous les Frères sont entrés dans l'atelier. Elle consiste en un dialogue entre les deux Surveillants et le Vénérable, par la vérification que tous les Frères présents sont membres de la Loge ou visiteurs connus, puis par l'allumage des feux (cierges ou bougies) de la Loge.

P

PAOLI PASCAL

(1725-1807) Patriote corse, général en chef de l'armée de Corse à trente ans (1755), qui lutta ardemment contre les Gênois, et triompha d'eux pour laisser à l'occupant qu'une petite frange du littoral. Lorsque la Corse fut vendue à la France, Paoli continua la lutte mais, vaincu, il dut s'exiler en Angleterre. La Constituante le nomma gouverneur de Corse en 1790, mais il dut abandonner ce poste en 1793, pour des raisons politiques. Il mourut en Angleterre en 1807.

PAIN

Qu'il soit représenté par de la farine, sous la forme d'un épi de blé, ou simplement par un morceau, le pain est présent dans le cabinet de réflexion maçonnique, dans l'ombre duquel médite le prétendant à l'initiation. Bien que l'on rattache le plus souvent le pain à la communion chrétienne : *Mangez, ceci est mon corps...* le pain, en tant que nourriture et symbole, est vieux de plus de cinq mille années, car il était l'aliment principal des anciens Égyptiens qui en faisaient offrande à leurs dieux et à leurs défunts, dans les tombeaux desquels ils le déposaient comme étant une énergie vitale.

L'Égypte avait assimilé le pain et le blé avec le symbolisme de la Lumière, des cycles de vie et de l'éternité, puisque le blé était une des manifestations du dieu Osiris. *Mangez vos pains, mangez Osiris ! Le dieu grain pousse, Osiris naît.* C'est pourquoi les gâteaux de farine de blé étaient aussi appelés pain de vie et pain d'immortalité.

De plus, dans le culte d'Osiris, l'initié rompait le pain, montrant ainsi qu'il franchissait le passage séparant la vie et la mort, qu'il organisait consciemment son itinéraire entre les deux mondes, car le pain rompu représentait Osiris mort et ressuscité. Osiris apprit aux hommes à cultiver le blé, à faire la farine et à préparer le pain. Les Égyptiens considérèrent toujours le pain comme divin et sacré. Osiris enseigna aux humains à distinguer le bien du mal, puis il leur révéla ses mystères et ouvrit leur conscience aux lois qui organisent l'univers.

Ainsi, manger le pain consistait à se nourrir du mystère universel, du triomphe de la vie sur les forces destructrices de la mort. Une inscription des pyramides déclare qu'en mangeant du pain (un défunt)

Avale l'esprit, avale le savoir et l'intelligence du dieu. À son insu, le profane qui séjourne dans le cabinet de réflexion participe de cet ancien processus aujourd'hui oublié, où ce qui est mort renaît toujours, où ce qui est nuit devient Lumière.

Les descriptions qui précèdent montrent ce que la pensée chrétienne, puis la pensée initiatique maçonnique doivent à l'Égypte dont elles sont les lointaines descendantes mais aussi les héritières.

PAROLE

Dans le temple maçonnique, les Frères ne peuvent prendre la parole pour participer à la réflexion et au travail en cours qu'en observant un rituel visant à débarrasser l'intervention de l'émotionnel qui l'empêcherait d'être profitable à tous.

Avant de parler, un Frère doit en demander l'autorisation au Premier ou Second Surveillant, suivant la colonne sur laquelle il se trouve. À son tour, le Surveillant concerné avertit le Vénérable Maître qu'un Frère demande la parole et le Vénérable Maître, accorde ou refuse au Surveillant le droit de parole au Frère toujours assis à sa place.

Le Surveillant retransmet la réponse du Vénérable Maître et, seulement à ce moment-là, le Frère peut se lever et dire ce qui lui tient à cœur. Encore ne peut-il le faire qu'en se tenant à l'ordre, et après une phrase rituelle, changeant suivant les Rites mais débutant

généralement par : *Vénérable Maître, et vous mes Frères...*
La coutume veut qu'en prenant la parole, en intervenant dans un débat déjà commencé, un Frère ne réponde jamais à un autre mais s'adresse uniquement au Vénérable Maître de la Loge.
De même, dans un souci d'ordre et afin de ne pas laisser les débats entre les mains de quelques-uns, on ne devrait jamais demander la parole plus de deux fois sur le même sujet. Seuls les Maîtres et les compagnons peuvent s'exprimer durant une tenue puisque les apprentis sont tenus au silence.
Cependant, ils peuvent répondre à une interrogation du Vénérable Maître lorsque celui-là, exceptionnellement, le juge nécessaire à l'intérêt du sujet traité.
S'ils souhaitent intervenir, ils ont toujours la possibilité d'inscrire leur réflexion sur une feuille qu'un maître lira à haute voix en leur nom, après l'avoir demandé de la manière rituelle.

PAROLE PERDUE

Verbum demissum des hermétistes, la Parole Perdue de la Franc-Maçonnerie désigne l'enseignement sacré traditionnel disparu avec Hiram au moment de sa mort. Continuateurs de son œuvre, et fils de la veuve comme lui, les Francs-Maçons tentent de retrouver ses secrets et de terminer son œuvre. Principe commun à toutes les sociétés initiatiques, on fait référence à la Parole Perdue dans les communautés rosicruciennes, templières et maçonniques. En fait, Parole Perdue symbolise le premier but de la Quête initiatique, que le château disparu du Graal manifestait dans les romans médiévaux chevaleresques de Perceval et Parzival.

PARRAIN

Dans le langage maçonnique, le parrain est celui qui présente un profane, le propose pour une future initiation, et suggère qu'il devienne un nouveau membre de son atelier.
Au moment de l'initiation, le parrain est généralement celui qui ôte le bandeau des yeux de l'impétrant puis qui accompagne sa vie maçonnique débutante.
Un parrain n'appartient pas nécessairement à la Loge ou à l'obédience de son filleul.

PARVIS

L'extérieur immédiat du Temple maçonnique. Le mot Parvis a peut-être la même étymologie que le mot paradis (*paradisus*), bien qu'il puisse aussi signifier *pas perdus*. Le parvis est l'antichambre de la Loge. C'est là que les Frères se saluent et signent le cahier de présence. On peut le considérer comme un espace semi-sacré car seuls les Frères initiés y accèdent.

PARZIVAL

Héros du roman de Wolfram von Eschenbach (1210), montrant l'évolution physique, initiatique et spirituelle d'un jeune personnage qui, parti de l'ignorance totale, parvient jusqu'à la Table Ronde du roi Arthur puis devient finalement le roi du Graal.
À travers ce magnifique roman écrit par un chevalier ayant participé à la seconde Croisade (et sans doute templier), sont décrites la plupart des phases d'un chemin initiatique traditionnel.

PAS

Voir Marche.

PATRIE

À l'origine, le Franc-Maçon déclarait avoir des devoirs envers Dieu puis, ce terme que de nombreux Frères contestaient fut remplacé par le mot *Patrie* sous lequel pouvait indifféremment se placer le sens de Terre, car les Francs-Maçons ont la Terre pour patrie, ou le sens de Mère Patrie, c'est-à-dire leur pays d'origine ou de cœur. Depuis la Seconde Guerre mondiale, le terme de Patrie n'est pratiquement plus prononcé bien qu'il fasse toujours partie des ultimes questions posées au profane séjournant dans le cabinet de réflexion. Les mots *Homme*, *Humanité*, remplacent le mot Patrie, de même que le terme République est souvent mis à la place de France, dans un souci (un peu) dogmatique de progressisme.

PAVÉ MOSAÏQUE

Provenant du grec *mouséion*, c'est-à-dire Temple des Muses et des Arts, le mot mosaïque associé à Pavé, désigne dans la Franc-Maçonnerie un espace généralement situé sur le sol au centre d'une Loge et constitué de carrés blancs et noirs disposés en alternance, comme sur un damier ou un jeu d'échecs.

Le pavé mosaïque symbolise le jour et la nuit, l'esprit et la matière, toutes les dualités non confondues mais dont on ne peut ignorer ni occulter aucun des termes. Il ne s'agit ni de choisir telle ou telle couleur ni de se faufiler entre elles mais, au contraire, de les intégrer, de faire en sorte qu'elles vivent heureusement et s'harmonisent.

C'est la raison pour laquelle les Chevaliers du Temple en firent leur Gonfanon, étendard composé d'une moitié noire et d'une moitié blanche, symbolisant l'alliance et le jeu continuel de la Lumière et des ténèbres, de la vie et de la mort.

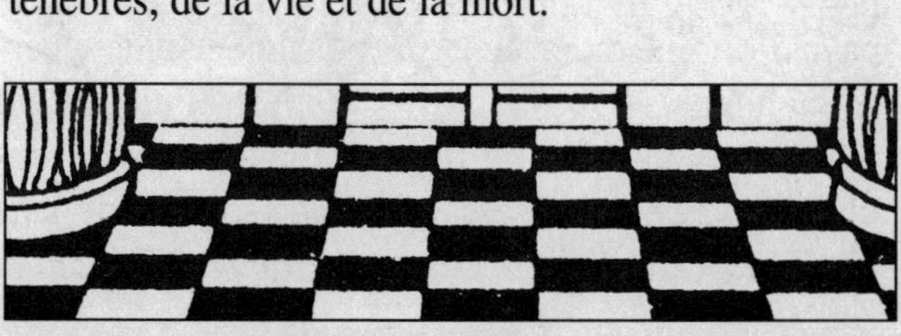

PEARY ROBERT EDWIN

(1856-1920) Explorateur américain qui découvrit que le Groenland était une île. Pearay fut ensuite le premier homme à atteindre le pôle Nord en 1909.

PELICAN

Longtemps considéré à tort comme nourrissant ses petits de sa propre chair, le pélican illustre l'amour parental mais aussi, en tant qu'oiseau d'Hermès, l'œuvre alchimique générant puis entretenant sa création. On croyait jadis que le pélican avait la capacité de survivre continuellement à ses blessures. Symboliquement, le pélican image aussi l'axiome assurant que l'on ne découvre que ce que l'on possède déjà en soi, ce qui relie ainsi recherche physique et quête spirituelle.

Dans l'iconographie chrétienne et dans l'art roman, le pélican est devenu l'un des symboles du Christ se sacrifiant pour sauver les hommes et ressuscitant, à l'instar du phénix renais-

sant de ses cendres. Emblème principal des Ordres Rosicruciens, le pélican n'apparaît pas dans les tableaux symboliques des Loges bleues mais seulement dans les degrés supérieurs.

PERCEVAL

Héros du roman de Chrétien de Troyes (1190), montrant l'évolution physique, initiatique et spirituelle d'un jeune homme qui, bien qu'ignorant, parvient jusqu'à la Table Ronde du roi Arthur, qu'il abandonne afin de poursuivre une quête jusqu'au château du Graal. Premier roman de chevalerie écrit par un poète en langue française, *Perceval ou le Roman du Graal* est une des pièces maîtresses du patrimoine initiatique et littéraire de l'Europe occidentale.

PERFECTIONNEMENT

Voir Grades
(Ateliers de perfection).

PERPENDICULAIRE

Nom donné au Fil à Plomb dans les rituels maçonniques. (Voir *Fil à Plomb*.)

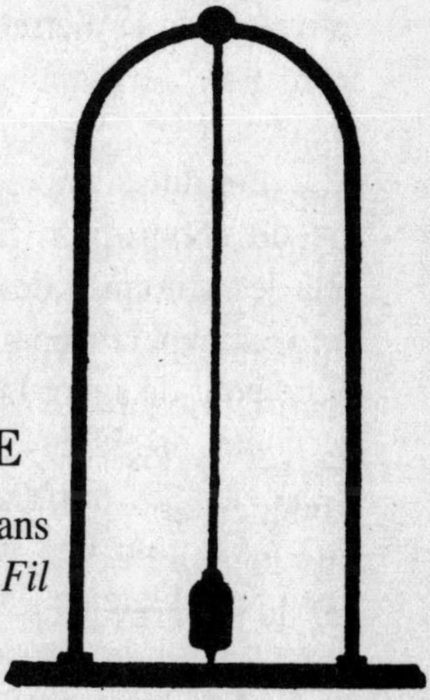

PIERRE BRUTE

La pierre brute symbolise l'homme qui, de l'état de nature, se transforme par le travail patient, l'expérience et la réflexion, comme la pierre devient sculpture sous les coups de ciseaux donnés par un habile tailleur de pierre. Pendant toute sa vie, le Franc-Maçon tente de perfectionner les qualités et dons qu'il possède, tout en réduisant ce que l'instinct lui dicte spontanément.

C'est ainsi que de pierre brute lui-même il peut devenir, au fil de ses expériences, une pierre parfaitement taillée et digne de composer l'édifice que la Franc-Maçonnerie appelle le Temple Universel, l'humanité. Dans la progression symbolique du travail maçonnique, l'Apprenti, passe de la pierre brute à la pierre cubique à pointe, qui peut devenir un jour l'équivalent de la pierre philosophale, après une transformation comparable à l'œuvre alchimique.

On observera cependant que le solide le plus parfait, et le plus difficile à réaliser est la sphère, chef-d'œuvre du compagnon fini. La sphère surmonte pour cela les colonnes de compagnon. Dans le langage conventionnel maçonnique, on utilise le terme *pierre plate* pour désigner la somme totale recueillie après la quête en Loge pour le Tronc de la Veuve. Reprenant les termes des anciens compagnons, on dira ainsi pour une somme de 23 euros qu'elle est une pierre plate de 23 kilos car les euros sont exprimés en kilos à cette occasion.

PILIER

Voir Colonne.

PLANCHE

Exposé, que l'on appelle aussi Morceau d'Architecture, présenté en Loge par un Franc-Maçon. C'est aussi le nom que l'on donne au résumé des travaux effectués lors de la tenue précédente, et que propose le Frère secrétaire, lisant au début de chaque tenue la Planche tracée des derniers travaux, qui est toujours soumise à l'approbation de l'ensemble de l'atelier, avec ou sans modification.

PLANÈTES

Bien que peu présentes dans l'atelier maçonnique, les planètes ont souvent été mises en relation avec les lumières qui l'éclairent et les officiers qui le dirigent. C'est ainsi que le Vénérable Maître est associé à Jupiter, le Premier Surveillant à Mars, le Second Surveillant à Vénus, l'Orateur au Soleil, le Secrétaire à la Lune, l'Expert à Saturne et le Maître des Cérémonies à Mercure. Pour étonnante qu'elle puisse paraître, cette disposition reflète parfaitement l'ordre des énergies telles qu'elles étaient envisagées au temps de l'Olympe Neigeux, où Jupiter était le maître de tous les dieux, Mars le défenseur de la porte,

Vénus l'hôtesse, Apollon, le maître de Sagesse, la Lune la mémoire et la vie, Saturne la règle et le temps immuable, et Mercure l'éternel communiquant, reliant en permanence tous les éléments de l'ensemble.

Dans ce qui vient d'être cité manquent Pluton, Athéna, Ouranos et quelques autres que l'on ne rencontre effectivement que dans les initiations de hauts grades. Cela ne signifie pas qu'une Loge maçonnique fonctionne à la manière des religions anciennes ou de l'astrologie, mais plutôt que la Maçonnerie est restée fidèle à la symbolique traditionnelle.

PLATEAUX

Les tables occupées par sept Officiers de la Loge, le Vénérable Maître, les deux Surveillants, l'Orateur, le Secrétaire, le Trésorier et l'Hospitalier.

PLEUVOIR

Les Francs-Maçons disent qu'il pleut lorsqu'un profane se joint à une de leur discussion maçonnique. Ce terme signifie que le temple n'est pas couvert, donc non protégé des intempéries que pourraient être les curieux.

POINTS

Les Maçons furent appelés Frères trois points, en référence à leur signature maçonnique. À l'origine, ces trois points ne se trouvaient pas dans le compagnonnage. Tardivement, on les a justifiés en affirmant que les deux premiers points représentent la dualité et l'union des Francs-Maçons tandis que le troisième montre le but élevé vers lequel ils aspirent. Les trois points représentent aussi, symboliquement, les trois coups que reçut Hiram avant de mourir mais aussi, tout aussi logiquement, la totalité du principe ternaire qui est d'usage constant dans la Franc-Maçonnerie. (Voir *ternaire*.)

POTTIER EUGÈNE

(1816-1887) Poète français, membre de la Commune, compositeur de l'*Internationale*. Opposé à Napoléon III, il se réfugia à Londres après à la Commune. Amnistié en 1880, il participa à la création du Parti Ouvrier Français.

POUCHKINE ALEXANDRE

(1799-1837) Poète, dramaturge et écrivain russe, fondateur de la littérature russe moderne, souvent poursuivi pour ses idées libérales. Il fut tué au cours d'un duel par un officier français qui courtisait sa femme.

PRÉPARATION

Avant l'initiation d'un profane au Rite Écossais (le Rite Français n'a pas conservé dans ses rituels cette pratique, mais toutefois des Loges travaillant à ce rite l'observent), l'impétrant est préparé, car il ne peut entrer dans le Temple en tenue parfaite et ne doit pourtant être ni nu ni vêtu. C'est la raison pour laquelle on dénude son bras et son sein gauche ainsi que sa jambe et son genou droit tandis que l'on retire la chaussure de son pied gauche.
Ce curieux accoutrement est visible dans certains chapiteaux des édifices romans dans lesquels on voit des ermites ou des saints montrer un état d'imperfection vestimentaire, symbole de l'imperfection humaine. C'est aussi ce que l'on peut lire dans le *Cinquième Livre* de Rabelais, lors de la présentation de Panurge au rituel d'initiation conduit par Maître Lanterne. Traditionnellement, bras gauche, cœur, genou et jambe droite, et pied gauche dénudés représentent la sincérité, l'humilité et la difficulté à se mouvoir avant d'avoir reçu l'enseignement initiatique.

PROFANE

Étymologiquement, le mot profane vient de *fanum*, sacré, tandis que *profanum*, à l'inverse, signifie en dehors du sacré, c'est-à-dire celui qui est devant le Temple, qui n'est pas encore autorisé à y entrer et donc celui qui n'est pas initié.

Q

QUATRE SAINTS COURONNÉS

Les Quatre Couronnés (*Quatuor Coronati*) faisaient partie des saints patrons que se reconnaissaient, avec quelques autres, les compagnons du Moyen Âge. La légende des Quatre Couronnés est rapportée par Jacques de Voragine, dans sa *Légende dorée* (1240). Selon l'auteur qui rassembla les légendes circulant depuis le début du christianisme, quatre martyrs furent condamnés à mort sous Dioclétien (en 285) et, comme l'Église ignorait leur nom, on les honora le même jour que cinq autres martyrs, sculpteurs, qui avaient refusé de façonner l'image du terrible empereur et qui, pour cela, avaient été enfermés vivants dans des tonneaux plombés jetés à la mer (en 287). C'est ainsi que furent fêtés, le 8 novembre, les quatre martyrs dont les noms furent finalement découverts. Il s'agissait de Carpophore, Sévère, Sévérien et Victorin, qui auraient été des soldats romains convertis. Ces quatre martyrs furent retenus par les Compagnons ; on leur attribua les outils de tailleur de pierre et de sculpteur, comme le montrent des gravures du XVe siècle les représentant tenant respectivement un maillet, une règle, une équerre et une pince. Les Quatre Martyrs sont reconnaissables sur les chapiteaux ou les façades des églises romanes.

QUINTESSENCE

Le cinquième élément alchimique, la quintessence se trouve dans l'égrégore maçonnique. Elle peut se définir comme un consensus magique qui veut que la somme collective des pensées exprimées soit supérieure à la somme individuelle des pensées des membres du groupe. L'égrégore est la forme spirituelle de la quintessence.

QUITUS

Quand un Frère souhaite changer d'atelier, il demande au trésorier de la Loge un quitus, prouvant sa mise à jour financière avec le trésor de la Loge.

QUORUM

Une Loge ne peut commencer ses travaux que si sept Frères présents peuvent assumer la charge des principaux plateaux. Cinq au moins doivent posséder le degré de Maître ; deux compagnons peuvent exercer, à titre exceptionnel, les charges d'officier de l'atelier.

R

RABELAIS FRANÇOIS

(1494-1553) Érudit humaniste, auteur de la devise *Science sans conscience n'est que ruine de l'âme*, attribuée à tort à de nombreuses célébrités de la science ou de la philosophie. Bien que la totalité de l'œuvre de François Rabelais reflète la Connaissance traditionnelle, c'est surtout son *Cinquième Livre* qui délivre un enseignement proche de l'enseignement initiatique.

RADIATION

Un Frère peut être radié de sa Loge pour trois raisons principales. Le non-paiement sans motif valable (chômage, difficultés financières) de ses cotisations, le manque d'assiduité, ou une condamnation judiciaire, puisqu'un Franc-Maçon doit toujours posséder un casier judiciaire vierge. Cependant, les Loges se veulent conciliantes et un Frère n'est jamais chassé de sa Loge sans explication et multiples avertissements. Quoi qu'il en soit, lorsqu'un Frère est radié pour les deux premiers motifs, il peut être réintégré assez facilement au sein de son atelier, car même radié, il demeure toujours un initié.

RAMSAY (Chevalier de)

Né en 1685 à Ayr en Écosse et installé en France en 1707, celui que l'on appela par la suite le Chevalier de Ramsay fut tout d'abord l'élève de Fénelon qui le convertit au catholicisme.
Le Chevalier de Ramsay raconte ainsi, dans une lettre, que son maître lui fit comprendre que l'on ne pouvait être sagement déiste sans devenir chrétien ni philosophiquement chrétien sans devenir catholique. C'est pourquoi le Chevalier devint un fervent partisan des doctrines catholiques qu'il introduisit autant qu'il le put dans une nouvelle Franc-Maçonnerie, nommée jacobite ou catholique. Malgré le soutien de jésuites proches des Stuart, et malgré son célèbre discours (1736) visant à rattacher la Maçonnerie aux ordres chevaleresques chrétiens de saint Jean de Jérusalem, le Chevalier de Ramsay ne parvint pas à orienter la Franc-Maçonnerie selon ses vœux.
La Maçonnerie ne retint de ses interventions répétées que trois nouveaux hauts grades nommés Écossais, Novice et Chevalier du Temple, qui au XVIIIe siècle amenèrent une véritable prolifération de hauts grades

prétendus d'essence templière ou rosicrucienne. De son célèbre discours on retiendra notamment :
Nous voulons réunir tous les Hommes d'un esprit éclairé, de mœurs douces et d'une humeur agréable, non seulement par l'amour des Beaux Arts, mais encore plus par les grands principes de vertu, de science et de religion, où l'intérêt de la Confraternité devient celui du Genre humain tout entier, où toutes les Nations peuvent puiser des connaissances solides et où les Sujets de tous les Royaumes peuvent apprendre à se chérir mutuellement, sans renoncer à leur Patrie. Nos ancêtres, les Croisés, rassemblés de toutes les parties de la Chrétienté dans la Terre Sainte voulurent réunir ainsi dans une seule Confraternité les Particuliers de toutes les Nations.
Quelle obligation n'a-t-on pas à ces hommes supérieurs, qui, sans intérêt grossier, sans même écouter l'envie naturelle de dominer ont imaginé un établissement, dont l'unique but est la réunion des esprits et des cœurs, pour les rendre meilleurs, et former, dans la suite des temps une Nation toute spirituelle, où, sans déroger aux divers devoirs que la différence des états exige, on créera un Peuple nouveau, qui, étant composé de plusieurs Nations, les cimentera toutes en quelque sorte par le lien de la vertu et de la science ?
La saine morale est la seconde disposition requise dans notre Société. Les Ordres religieux furent établis pour rendre les hommes chrétiens parfaits ; les

Ordres militaires pour inspirer l'amour de la vraie gloire ; et l'Ordre des Francs-Maçons pour former des Hommes et des hommes aimables, de bons Citoyens, de bons Sujets, inviolables dans leurs promesses, fidèles Adorateurs du Dieu de l'Amitié, plus amateurs de vertu que des récompenses.

RÉCRÉATION

Au coup de maillet du Vénérable Maître, la Loge est mise en récréation, les travaux s'interrompent momentanément et les Frères peuvent discuter voire circuler librement dans le Temple.
Au second coup de maillet *les travaux reprennent*, dit-on rituellement, *avec force et vigueur*.

RÈGLE

Un des outils actifs usités en Maçonnerie, symbolisant fort logiquement la ligne droite, la juste mesure, la loi et dont les Frères doivent se servir, mais aussi la précision des travaux.
Outil emprunté aux compagnons et composé de vingt-quatre graduations, la règle est l'instrument principal des compagnons initiés au Rite Écossais.
Les significations changent lorsque l'on associe la règle et l'équerre, la règle et le levier, et la règle et le compas.
Toutes ces associations mettent en valeur l'art de la

géométrie et celui de tracer des surfaces planes selon des règles, des lois que les constructeurs, et maintenant les Francs-Maçons avec la Connaissance initiatique, se doivent de toujours respecter.

RÉGULARISATION

Lorsqu'un Franc-Maçon souhaite changer d'obédience, il demande sa régularisation auprès de ses nouveaux Frères. Des parrains se portent garants de lui avant qu'il ne prête serment auprès de chacun des ateliers qu'il souhaite fréquenter.

RÉGULARITÉ ET IRRÉGULARITÉ MAÇONNIQUE

Vaste sujet de polémique chez les descendants de Maître Hiram car pour la Grande Loge Anglaise, seule détentrice, de droit divin, de la vérité maçonnique, sont appelées *irrégulières* toutes les obédiences ou les Loges qui ne répondent pas aux lois et règles édictées à l'époque victorienne et jamais révisées depuis.

La plupart des obédiences de France sont donc irrégulières, tout comme leurs 75 000 Frères. De même, sont irrégulières les Franc-Maçonnes non reconnues par la Grande Loge Anglaise. À l'intérieur d'une Loge, un Frère est irrégulier lorsqu'il n'a pas réglé sa capitation.

REINTEGRATION

La réintégration s'applique à un Frère ayant abandonné la Franc-Maçonnerie durant plusieurs années et qui désire participer de nouveau aux travaux des Loges. Il en est de même du réveil intervenant après la longue absence (pour raisons professionnelles ou pour tout autre motif) d'un Frère qui veut revenir suivre les tenues de sa Loge.
La réintégration ne peut se faire qu'après un vote soumis à l'ensemble des membres de l'atelier.

RITE

Le mot Rite a pour synonyme le mot régime. Pour la plupart des Francs-Maçons, le Rite est l'ordre selon lequel se déroule une cérémonie ou une tenue maçonnique. Pour René Guénon, *le Rite est un symbole mis en action*, tandis que pour Jean Pierre Bayard, *le Rite véhicule l'énergie contenue dans un symbole, par sa puissance opérative il transmet l'initiation.*
Organisation codifiée des cérémonies regroupant les gestes, signes, paroles, symboles et attitudes conventionnelles, le rite maçonnique est issu des traditions antiques, venues d'Égypte, de Grèce, du monde romain et de la Bible. Sur cet ensemble se sont aussi greffés, le plus souvent à l'insu des Frères qui l'utilise, des particularités provenant des cultes celtes et

nordiques. C'est ainsi que malgré les différences que l'on peut remarquer entre obédiences, tous les Maçons veulent atteindre le même but et travaillent pour cela avec les mêmes outils, les mêmes éléments rituels qu'ils articulent différemment selon les obédiences.

Les divergences entre rites maçonniques ne sont guère perceptibles aux trois premiers degrés. Elles se reconnaissent seulement aux différents emplacements des colonnes, aux places attribuées aux officiers ou aux signes et symboles plus ou moins mis en valeur dans telle ou telle initiation.

Ce sont dans les grades supérieurs que les rites diffèrent le plus d'une obédience à l'autre.

Les principaux rites actuellement utilisés par la Franc-Maçonnerie sont le *Rite Émulation*, le *Rite Français*, le *Rite Ancien et Accepté*, le *Rite Écossais Rectifié*, le *Rite de Memphis-Misraïm*, le *Rite d'York* aussi nommé *Rite de Royal Arche*, et aux États-Unis, le *Rite Mixte International*, le *Rite de Swedenborg*, pratiqué dans les pays nordiques mais branche du *Rite de la Stricte Observance*, et le *Rite de Zinnendorg* ou *Rite Johannite* surtout pratiqué en Allemagne. Il existe de nombreuses adaptations de ces Rites que l'on peut rencontrer aussi bien en Inde qu'en Amérique du Nord et du Sud, en Europe de l'Est ou en Asie.

Le *Rite Émulation* est proche des rites des compagnons bâtisseurs de cathédrales, le *Rite Écossais*

Ancien et Accepté fait référence à l'Hermétisme, l'Alchimie, et à l'Évangile de saint Jean, le *Rite Écossais Rectifié* est fondé sur les rites de la chevalerie chrétienne tandis que le *Rite Français* (Moderne) est un Rite laïc faisant référence au compagnonnage et à l'Ancien Testament, quoique Dieu et le Grand Architecte de l'Univers n'y soient pas invoqués. Le *Rite Français ancien* est semblable au précédent mais on y invoque le grand Architecte de l'Univers, tandis que le *Rite de Memphis-Misraïm* s'appuie sur une symbolique judéo-égyptienne.

RITUEL

Ensemble des connaissances symboliques nécessaires au déroulement des cérémonies maçonniques.
Les mots de passe, attouchements, circulations, banquets d'ordre, signes et symboles font partie de l'ensemble du rituel ainsi que la manière de se comporter en Loge, de prendre la parole ou de présenter un ouvrage (Planche).
Tout ce qui se fait ou se dit en Loge participe du rituel et est sacralisé par lui. Les rituels sont différents selon les Rites et les obédiences mais le but reste inchangé. Il s'agit de se découvrir soi-même et de se perfectionner sans cesse.

ROOSEVELT THEODORE

(1858-1919) 26e président des États-Unis. Descendant d'une famille hollandaise, il fit ses études à Harvard et devient gouverneur de New York en 1898, puis Président des États-Unis d'Amérique après l'assassinat de McKinley, en 1901.
En 1904, il fut réélu dans ses fonctions. Autoritaire en politique extérieure, il sut préserver les intérêts des ouvriers pendant les conflits sociaux qui marquèrent sa présidence, et refusa d'utiliser la troupe lors des nombreuses grèves qui marquèrent sa présidence. Il fut le médiateur entre la Russie et le Japon après la guerre de 1905 entre ces deux pays.

ROOSEVELT FRANKLIN DELANO

(1882-1945). 32e président des États-Unis, son rôle fut primordial dans la victoire des Alliés lors de la Seconde Guerre mondiale. Cousin de Theodore Roosevelt, il fut comme lui secrétaire d'État à la Marine entre 1913 et 1920.
Atteint par la poliomyélite, il dut interrompre pendant huit ans sa carrière politique. En 1932, il fut élu président des États-Unis avec une large majorité.
Il est à l'origine du New Deal (nouvelle donne), politique économique destinée à lutter contre les effets de la crise de 1929. Populaire, il fut réélu en 1936. Réélu une troisième fois en 1940, il fit voter la loi Prêt bail, destinée à aider les pays alliés et l'écono-

mie américaine dans l'effort de guerre. Roosevelt fut le principal artisan de la victoire mais mourut en novembre 1944, peu avant la défaite des Nazis et des Japonais.

ROSE

Symbole des quatre horizons harmonisés, la rose est souvent représentée, dans l'art religieux comme dans les tableaux symboliques de la Franc-Maçonnerie. Dans de nombreuses illustrations, le centre de la croix est occupé par une rose figurant cet état d'équilibre. La rose symbolise l'amour, la beauté et la femme, aussi bien dans l'Antiquité que dans l'art de la Renaissance, dans le monde profane comme dans le monde spirituel. C'est ainsi que la rose mystique représente la Vierge Marie et l'âme des fidèles pour le christianisme, qui retrouve aussi en elle les gouttes de sang du Christ, son cœur ou ses plaies.
Dans la mythologie grecque, la rose rappelait le sang versé par Aphrodite, se piquant au rosier d'Adonis. Tué par un sanglier, le jeune homme revivait éternellement dans l'éclosion de ces fleurs qui étaient de la couleur de son sang.
Depuis ce temps mythique, on plaçait des roses sur les tombes car elles symbolisaient la régénération et l'éternité des cycles de vie. De couleur rouge, la rose promet la renaissance mystique, tandis que de couleur blanche elle est une des figurations du grand

œuvre des alchimistes. Dante en fait le signe de l'amour paradisiaque et les sociétés rosicruciennes leur symbole le plus important.
Lors de l'initiation, le nouveau Frère reçoit une paire de gants blancs ainsi qu'une rose destinée à la personne qu'il aime ou estime le plus.

ROSE CROIX

C'est en 1623 que naquit officiellement la Société secrète et ésotérique de la Rose-Croix, annoncée aux Parisiens par des affiches collées sur leurs murs. Cette annonce invitait tous ceux qui le désiraient à se rendre là où il savait pour rencontrer les maîtres susceptibles de les enseigner et de les disposer à tirer les hommes d'erreur de mort.
Connu dès 1614 en Allemagne, le mouvement rosicrucien s'était propagé à la suite de trois parutions nommées *Fama Fraternitatis* (Échos de la fraternité), *Confessio Fraternitatis*, et, le plus connu, *les Noces Chymiques* de Christian Rosencreutz. Tous ces ouvrages étaient anonymes et avaient pour pivot la vie, les œuvres et l'enseignement de Christian Rosencreutz, fondateur symbolique et mythique de l'Ordre de la Rose-Croix.
Instruit dans toutes les sciences, religions et sagesses alors connues, c'est-à-dire empli de l'enseignement traditionnel, Christian Rosencreutz fit édifier une grande maison dans laquelle il créa, avec trois autres

Frères, un centre de diffusion de la Connaissance. Capables de soigner les infirmités et maladie de leurs contemporains, les Frères travaillèrent à la rédaction d'un ouvrage destiné à consigner leur Connaissance. Comme les premiers moines travaillant sous la Règle de saint-Benoit, les Frères de la Rose-Croix édictèrent une règle qui comportait six points ordonnant tout particulièrement de :

— Se conformer aux coutumes et aux habitudes du pays dans lequel ils se trouvaient.

— Ne pas porter d'habits particuliers annonçant leur société.

— Adopter la Rose Croix, ou les lettres R + C, comme symbole de leur fraternité.

— De guérir gratuitement tous les malades.

— De se réunir une fois l'an dans le Temple du Saint-Esprit.

— De tenir secrète pendant un an l'existence de la fraternité.

Afin de remplacer un Frère décédé, chaque membre devait, de son vivant, choisir celui qui serait son remplaçant. Christian Rosencreutz mourut à l'âge de cent dix ans et fut enterré dans un lieu secret que l'on ne découvrit, par hasard, qu'en 1604.

Le qualificatif de Rose-Croix désigne ceux qui ont eu accès à l'initiation suprême alors que le terme de rosicruciens est utilisé pour les adeptes suivant les préceptes de l'Ordre. À partir de cet enseignement, les Rosicruciens ont réactualisé le mythe des supérieurs inconnus, annonçant que des grands initiés formaient un collège nommé Collège des Invisibles, ou Supérieurs Inconnus. Parmi les Frères ayant appartenu à cet ordre mystérieux, on cite souvent, sans le prouver, Martin Luther dont le blason montrait une rose et une croix entrelacées, Paracelse, Francis Bacon, Robert Fludd, Spinoza, puis Descartes dont les principes de philosophie étaient proches de ce que proposait le programme rosicrucien. De nos jours, outre l'A.M.O.R.C. ou Ancien et Mystique Ordre de la Rose-Croix, regroupant plus de 250 000 membres dans le monde dont 30 000 en France et dans les pays francophones, quelques Ordres se rencontrent qui tous entretiennent généralement de bonnes relations avec les obédiences maçonniques dont certains degrés supérieurs conservent le souvenir d'un ancien tronc commun tel le XVIIIe degré justement nommé Chevalier Rose-Croix.

ROUGET DE LISLE CLAUDE

(1760-1836) Officier de l'armée révolutionnaire, compositeur du *Chant de bataille de l'armée du Rhin*, qui devint célèbre sous le nom de *Marseillaise*, avant de devenir notre hymne national français.

ROYALISME MAÇONNIQUE

Au XVIIIe siècle, les Francs-Maçons se targuaient d'être des défenseurs de la monarchie et voyaient dans le roi sacré par Dieu un Maître Maçon initié. Lorsque Louis XV inaugura l'église Sainte-Geneviève à Paris, on lui lut un poème maçonnique dans lequel on lui attribuait toutes les qualités d'un Frère. Louis XVI, à l'instar de son grand-père, s'intéressa à la Maçonnerie, allant jusqu'à commander au baron de Breteuil son ministre de l'intérieur, une enquête sur cet ordre qui recrutait de nombreux courtisans, aristocrates, prélats, et bourgeois.
Louis XV et Louis XVI ne demandèrent pas l'initiation, tandis que les frères cadets du roi, le comte d'Artois (Charles X) et le comte de Provence (Louis XVIII), la reçurent. Autant qu'ils le purent, les Frères leur restèrent fidèles jusqu'à la Révolution c'est pourquoi, lorsque vint la Terreur, les Francs-Maçons furent parmi les premières victimes des bourreaux, tandis qu'au contraire Napoléon encouragea la Maçonnerie pendant l'Empire.

S

SABLIER

Élément disposé dans le cabinet de réflexion au côté du crâne, de la bougie, du pain, de l'eau et du sel. Le sablier est offert à la méditation du prétendant à l'initiation afin qu'il prenne conscience de l'importance du temps qui mature les êtres et les choses, selon la symbolique de Cronos qui avalait ses enfants mais les restituait adultes et prêts à régner.

SAC AUX PROPOSITIONS

Petit sac qui circule à la fin d'une tenue maçonnique, tenu par le Maître des Cérémonies et destiné à recevoir, notés sur un papier, les avis des membres de la Loge. Le texte très court doit être signé mais seul le Vénérable Maître en prend connaissance et fait part de la question, de la critique ou de la suggestion, qui reste anonyme, à l'ensemble des Frères. Selon le rite utilisé, le sac aux propositions sert aussi à annoncer la candidature d'un profane.

SAGESSE

Nom que l'on donne à la première des trois Lumières ou à la première des trois colonnes (ou piliers) du temple maçonnique. La seconde étant la Force et la troisième la Beauté.

SAINT-EXUPÉRY ANTOINE DE

(1900-1944) S'il n'a pas été Franc-Maçon, Antoine de Saint-Exupéry a écrit certains textes qui peuvent figurer dans les anthologies maçonniques, notamment dans *Citadelle*.

SAINT-JEAN (LOGE DE)

Pendant longtemps, à la question *D'où viens-tu ?* les Francs-Maçons affirmèrent : *Je viens de la Loge de Saint-Jean*, peut-être en souvenir des Compagnons anciens qui se référaient à saint Jean du Tonnerre, peut-être aussi en rappel des Neuf Chevaliers qui à Jérusalem, le jour de la saint Jean d'hiver de l'année 1118, prêtèrent serment et fondèrent l'ordre des Templiers. Ce jour-là naissait, encore invisible aux yeux du monde, une communauté qui allait pendant trois siècles gérer une grande partie des richesses de l'Europe. On notera aussi que les anciens compagnons constructeurs se groupaient en Confraternité de Saint-Jean.

SAINT-MARTIN LOUIS CLAUDE DE

(1743-1803) Philosophe français, créateur avec Martines de Pasqually du Martinisme, mouvement initiatique et ésotérique inspiré de la Franc-Maçonnerie. Il diffusa en France la pensée de Swedenborg.

SALAIRE

Lorsqu'un Franc-Maçon est élevé à un grade supérieur, on déclare qu'il reçoit une *Augmentation de salaire*. Terme venu de toute évidence du compagnonnage où se pratiquait solennellement ce type de cérémonie faisant de l'apprenti un compagnon, et du compagnon un compagnon fini.
Une Augmentation de salaire toute symbolique puisque les métaux n'ont pas leur place en Loge. L'expression signifie simplement que le Frère élevé va travailler à d'autres tâches, avec une nouvelle conscience et de nouveaux outils.

SALLE HUMIDE

Salle dans laquelle il peut pleuvoir, car elle n'est pas un espace sacré comme le sont la Loge ou l'atelier. Dans la pratique, la salle humide est un lieu de rencontre et de réunions pour initiés et parfois pour profanes, meublée de tables et dans laquelle on peut prendre une collation avant ou après les travaux, un lieu d'échanges et de détente, où se tiennent parfois les agapes et les Banquets d'Ordre.

SALOMON

(~ 972 à ~ 932) Fils de David et roi d'Israël. Son père qui avait décidé la construction d'une Maison du Seigneur, un grand temple destiné à abriter l'Arche d'Alliance, ne put mener à bien sa construction.
Salomon réalisa ce vœu et édifia le temple, secondé par Hiram, un fondeur de bronze venu de la ville de Tyr pour cette tâche. Hiram devint par la suite la figure emblématique et mythique de la Franc-Maçonnerie.
Dans le monde judaïque et chrétien, Salomon est la référence de la sagesse et les paroles qu'on lui attribue sont consignées dans les livres bibliques appelés Cantique des Cantiques, Ecclésiaste, la Sagesse et dans les Proverbes tandis que les événements de son règne sont notés dans les Livres des Rois (I et II).
Dans les légendes islamiques, on en fait même un magicien, prince des djinns. Attirée par sa sagesse, la reine de Saba vint d'Éthiopie le visiter (séjour pendant lequel il lui fit un enfant, ancêtre des Négus, selon les légendes éthiopiennes). Son règne marqua l'apogée du royaume d'Israël
(Voir *colonnes, Hiram.*)

SANTES

Durant les agapes rituelles, appelées Banquets d'Ordre ayant lieu notamment aux solstices (saint Jean d'été et saint Jean d'hiver), le rituel exige que l'on porte des toasts en l'honneur du Président de la République, du Grand Maître de l'Obédience, du Vénérable de la Loge, des Officiers de la Loge, des visiteurs de la Loge et en l'honneur de tous les Frères Francs-Maçons. Ces toasts nommés des Santés sont une concession à l'ancienne Maçonnerie dont on a abandonné les formules telles qu'*À nous mes Frères que Bacchus rassemble !*, que recommandaient les rituels maçonniques du siècle des Lumières.

SAUTOIRS

Cordons portés par les officiers sur lesquels sont brodés les attributs de leur fonction. La couleur du sautoir varie selon les obédiences. Il est entièrement bleu pour le Grand Orient de France et les obédiences qui travaillent au Rite Français, et rouge pour la Grande Loge de France et les obédiences qui travaillent au Rite Écossais.
(Voir *cordons*.)

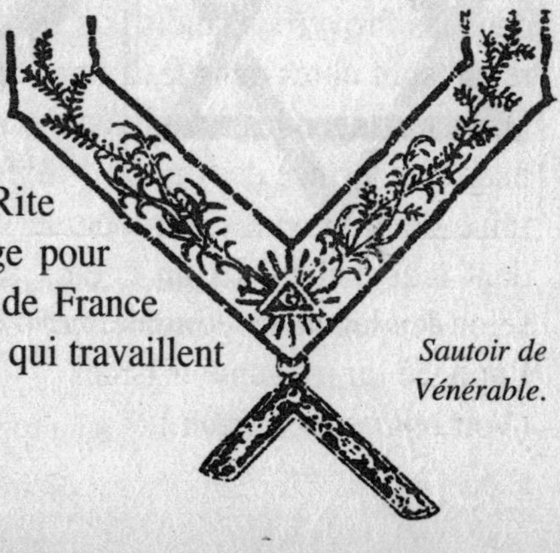

Sautoir de Vénérable.

SCEAU DE SALOMON

Le Sceau de Salomon, comme le Bouclier de David, est constitué de deux triangles isocèles mêlés, l'un pointe en haut et l'autre pointe en bas, et formant une étoile à six branches, symbole de stabilité positive, manifestant la rencontre harmonisée du plan divin et du plan terrestre. Sur le plan maçonnique, le Sceau de Salomon est constitué par le compas et l'équerre, l'un dominant l'autre, mais avec une différence notable car le Sceau est une figure géométrique fermée, terminée (scellée) alors que la figure formée par le compas et l'équerre est une étoile en devenir, encore ouverte à l'expérimentation, but de toute démarche maçonnique.
(Voir *étoile, Salomon.*)

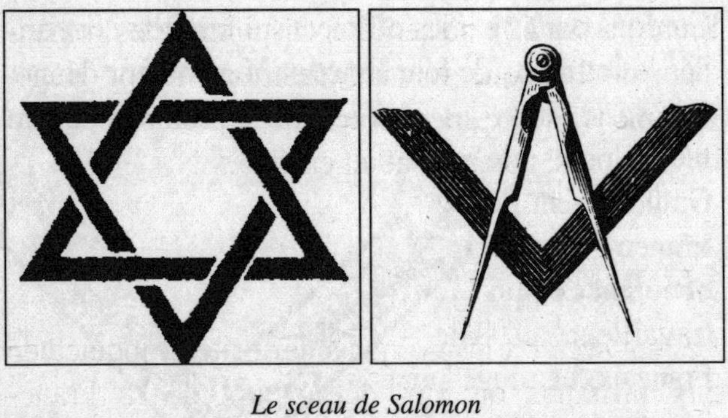

Le sceau de Salomon
et son équivalent formé du compas et de l'équerre.

SCHOELCHER VICTOR

(1804-1893) Homme politique français qui fit abolir l'esclavage dans les colonies en 1848. Il avait été nommé sous-secrétaire d'État pendant le gouvernement provisoire qui suivit la révolution de 1848. Il fit voter la loi contre l'esclavage, s'exila durant le Second Empire en Angleterre, puis revint en France après la défaite de Sedan.
En 1871, il devint député, puis sénateur inamovible des départements d'outremer.

SCOTT Sir WALTER

(1771-1832) Poète et romancier écossais, auteur de *Quentin Durward* et d'*Ivanhoé*. Ses deux principales œuvres ainsi que le personnage de Robin des Bois le firent passer à la postérité et inspirèrent les romanciers de l'époque romantique, dont Victor Hugo. L'immense succès de son œuvre se prolonge encore de nos jours, notamment au cinéma.

SECRET

Le mot secret a inspiré jadis curiosité et inquiétude aux profanes ou aux détracteurs de la Franc-Maçonnerie. Aujourd'hui, les Francs-Maçons préfèrent utiliser le mot *discret* plus proche de la réalité car ils ne prétendent aucunement posséder de Vérité secrète, pas plus qu'ils ne veulent tramer de complots politiques ou révolutionnaires.

S'il existe des secrets maçonniques, ils ne concernent en rien la société profane. Il s'agit premièrement du secret du rituel, des textes sacrés et des légendes maçonniques, bien que ce secret n'en soit pas un puisque tous ces textes se trouvent en librairie depuis le XIXe siècle. Le deuxième secret, peut-être le mieux observé, est celui des travaux maçonniques, de ce qui a été dit en Loge.

Troisièmement, le secret de l'appartenance. Si chacun des Frères peut dévoiler son appartenance à la Franc-Maçonnerie, il n'a jamais le droit de dévoiler (trahir) l'appartenance d'un Frère, en annonçant, sans son consentement, son état de Franc-Maçon.

En fait, le véritable secret maçonnique est un secret personnel, à la manière dont le décrivait jadis le Frère Casanova: *Le secret de la maçonnerie est inviolable par sa propre nature, puisque le Maçon qui le sait ne le sait que pour l'avoir deviné. Il l'a découvert à force d'aller à la Loge, d'observer, de raisonner et de déduire.*

Ce secret, l'initié l'appréhende lentement, au fur et à mesure des années et de sa compréhension des symboles et des rituels.

SECRETAIRE

Officier placé à la droite du Vénérable Maître à l'Orient de la Loge. Le secrétaire tient à jour le livre de l'atelier où sont consignés les travaux et les événements survenus pendant les tenues maçonniques.
Il est le cinquième officier de la Loge, sa mémoire, et appartient au symbolisme de la Lune. Au début de chaque tenue, sur la demande du Vénérable Maître, le secrétaire lit le résumé de la tenue précédente. Son rapport est ensuite accepté par l'ensemble de la Loge qui vote à main levée.

SEPT

Si le trois représente l'apprenti, le cinq le compagnon, le sept représente la Maîtrise. Le maître est âgé symboliquement de sept ans et plus, âge de raison et de discernement. Chiffre symbolique, l'Olympe comptait sept grands dieux, tandis que la Genèse affirme que Dieu créa la terre en sept jours. De même, le Temple de Salomon fut construit en sept années.
Le nombre sept indique un cycle terminé d'évolution amenant à la Connaissance des éléments et à la maîtrise d'énergies contradictoires. C'est ce que montrent les neuf séries de sept cases (63 cases) du jeu de l'oie qui compte neuf fois sept étapes, et la figure symbolique de la Septième Lame du Tarot de

Marseille sur laquelle figure un homme debout dans un char maîtrisant les deux chevaux récalcitrants qui le tirent. Sept est le nombre d'officiers d'une Loge maçonnique dont il faut que trois l'éclairent, cinq la dirigent et sept la rendent juste et parfaite.

SEPTENTRION

Les sept étoiles. Le mot Septentrion provient des Sept étoiles formant la Petite Ourse. C'est en cet endroit du ciel que l'on découvre l'Étoile Polaire.
Le nom celte de cet ensemble stellaire était le Chariot d'Arthur (ours) et représentait pour les druides la base du monde opposé au Midi (Sud) qui en était le faîte.
Cette notion est conservée dans les édifices religieux d'Europe et dans les Loges maçonniques où le côté gauche est celui des ténèbres et de l'enseignement, ainsi que celui de la méditation, alors que le Midi (Sud) est celui de l'expérimentation et de la mise en pratique (la construction). (Voir *Nord.*)

SERMENT

Actuellement, le serment est obligatoire pour permettre à un nouvel initié d'être totalement Franc-Maçon et membre de plein droit d'une Loge maçonnique. Ce serment peut être scellé sur le recueil des lois maçonniques, la Constitution de l'Ordre, notam-

ment au Grand Orient de France, sur la Bible à la Grande Loge de France, mais peut aussi se faire avec d'autres livres tels que le code civil, ou des écrits sacrés de religions autres que le christianisme.
Le Serment maçonnique lie le nouveau Frère à sa société et consiste à lui faire promettre de ne pas trahir ses engagements et de toujours s'en tenir à une totale discrétion concernant l'Ordre.
À chaque élévation correspond un nouveau serment.
(Voir *autel des serments, livre sacré, salaire.*)

SIBÉLIUS JAN

(1865-1957) Compositeur finlandais. Ce fondateur de la maçonnerie finlandaise a écrit plusieurs œuvres maçonniques. Patriote, il sut dans sa musique, souvent inspirée de mélodies folkloriques, exprimer et exalter les sentiments du peuple finlandais durant les heures tragiques de son histoire.

SIEYÈS EMMANUEL-JOSEPH

(1748-1836) Prêtre défroqué, Sieyès vota la mort de Louis XVI. Président de la Convention et du Conseil des Cinq-Cents, il aida Bonaparte à s'emparer du pouvoir ; celui-ci en fit un dignitaire du régime impérial.

SIGNES

Avec les Mots, Attouchements et Marches, les signes permettent aux Francs-Maçons de révéler leur grade lors des Tuilages et pendant les travaux auxquels ils participent. (Voir *attouchements, marches, mots.*)

SOLEIL

Sol Invictus, soleil invaincu, car disparu le soir, il semble renaître tous les matins. Le soleil mythique est représenté par des symboles lumineux tels que l'or, le lion l'aigle, le coq et le principe royal, la couronne, dans la société humaine.
Outre le principe vital, le soleil manifeste aussi le principe de la naissance, de la mort et de la renaissance. D'autre part, la Lumière chaude qui est la sienne, c'est-à-dire la Connaissance active, tue les monstres des ténèbres et illumine les héros et ceux qui surmontent les épreuves de la vie comme celles du parcours initiatique. Symboliquement, le soleil illustre l'esprit et la conscience s'ouvrant à l'universel. Avec la lune et les étoiles, le soleil est un des luminaires de la Franc-Maçonnerie, rythmant dans les ateliers les travaux qui débutent au moment où l'astre est à son apogée céleste, le midi, et se terminent à minuit, lorsqu'il n'est plus visible. Dans une Loge maçonnique, le soleil et la lune sont situés de part et d'autre du Vénérable Maître, soleil à droite de la Loge et lune à gauche.

SOMMEIL

Les Francs-Maçons peuvent se mettre en sommeil, lorsqu'ils ne peuvent ou ne désirent plus suivre les travaux durant un certain laps de temps. Une Loge peut aussi se mettre en sommeil, ce qui arriva maintes fois durant la Révolution ou pendant les deux guerres mondiales.

Une obédience peut décider de mettre une Loge en sommeil, pour différentes raisons techniques mais aussi pour des raisons disciplinaires. Elle peut se réveiller en suivant un Rite précis, nommé Rallumage des feux de la Loge.

SPÉCULATIF

Le travail spéculatif de la Franc-Maçonnerie a progressivement remplacé le labeur physique, opératif des Compagnons.

Selon René Guénon, *le passage de l'opératif au spéculatif, bien loin de constituer un progrès comme le voudraient les modernes qui n'en comprennent pas la signification, est exactement tout le contraire.*

Au point de vue initiatique, il implique, non une déviation mais une dégénérescence au sens d'un amoindrissement ; et cet amoindrissement consiste dans la négligence et l'oubli de tout ce qui est réalisation, car c'est là ce qui est véritablement opératif, pour ne laisser subsister qu'une vue purement théorique de l'initiation.

SUPREME CONSEIL

Puissance maçonnique qui dans le Rite Écossais Ancien et Accepté, gère les degrés du quatrième au trente-troisième.

SOULT NICOLAS

(1769-1851) Après s'être illustré dans les grandes batailles napoléoniennes, il fut ministre de la guerre et président du Conseil de Louis-Philippe.

STENDHAL HENRI BEYLE, dit

(1783-1842) Romancier français. Jeune homme révolté contre les institutions de l'Ancien Régime, il s'engagea dans l'armée napoléonienne et s'enthousiasma pour l'Italie alors qu'il y séjournait lors d'une expédition militaire. Il resta sept ans à Milan puis revint en France sous le règne de Louis XVIII, mais retourna maintes fois dans l'Italie qu'il chérissait et où il oubliait ses déceptions, notamment dues à l'insuccès de ses écrits.

Comme lui, ses héros se révoltent contre l'ordre social tout en mettant leur intelligence au service de leurs sentiments. *Le Rouge et le Noir* est l'un de ses chefs-d'œuvre.

SURCOUF ROBERT

(1773-1827) Corsaire et armateur de Saint-Malo qui introduisit la Franc-Maçonnerie en Martinique.

SURVEILLANTS

Représentant respectivement la deuxième et la troisième lumière qui éclairent la Loge, le premier Surveillant et le deuxième Surveillant sont les premiers assistants du Vénérable Maître.
Dans la pratique maçonnique de la Loge, le premier Surveillant est responsable des réunions de compagnons et le second de celles des apprentis, tous deux étant toujours disponibles pour répondre aux questions ou pour conseiller les Frères plus jeunes en Maçonnerie. C'est souvent le premier Surveillant qui est élevé au plateau de Vénérable Maître.
Le premier Surveillant, associé à la planète Mars, a le Niveau pour attribut, et le second Surveillant, associé à la planète Vénus, a la perpendiculaire pour attribut. On observe que Mars et Vénus étaient amants, c'est-à-dire représentaient des énergies polaires et conciliables. Dans la pratique vulgaire, ils illustraient le portier et l'hôtesse, celui qui protège le lieu sacré et celle qui accueille, celui qui excite les énergies et celle qui les apaise.
Les deux Surveillants ont effectivement un tel rôle dans l'organisation de la Loge maçonnique.

SWIFT JONATHAN

(1667-1745) Auteur satirique irlandais (*Voyages de Gulliver* 1726). Son œuvre comporte de nombreuses références à l'ésotérisme et au symbolisme maçonnique.

SYMBOLE

À l'origine, le *sunballen* était pour les Grecs un morceau d'objet partagé entre deux personnes qui leur permettait de se reconnaître, personnellement ou par l'intermédiaire d'un messager, ou même par leurs descendants qui pouvaient longtemps après leur mort reconstituer la pièce entière d'origine et s'associer dans une amitié ou une activité commune.
À cette signification exotérique s'ajoute un sens ésotérique : le symbole est un moyen de suggérer ce qui n'est pas transmissible par l'enseignement ou la représentation directe, permettant d'intégrer sa part d'intuition et de la spiritualité, d'aller à la découverte de sa vérité secrète. C'est pourquoi le symbole peut devenir un principe initiatique.
La plupart des mythes fondateurs et des rites de la tradition sont symboliques et recèlent au-delà de leur signification première un enseignement qui ne peut être reçu que par l'expérimentation individuelle.
La mission du symbolisme, quoi que l'on puisse en retirer, est de relier la conscience de l'homme à ce

qui le transcende, lier l'élément au tout et à l'universel. C'est ce que montre l'étymologie du mot symbole (*sym boleo*), ce qui unit, qui associe. Tandis que son contraire diabole (*dia boleo*) oppose toute chose et amène à une attitude manichéenne.
Le mot diabole est inconnu dans notre langage, qui lui préfère diable.

T

TABLE D'ÉMERAUDE

Nom donné à un texte dont l'auteur serait Hermès lui-même, surnommé le Trismégiste, c'est-à-dire le Trois Fois Grand.

Cet ensemble de préceptes est destiné à donner la manière de façonner et de terminer le Grand Œuvre alchimique, ou le processus de transformation de l'âme humaine en conscience cosmique, comme l'indique le nom même de cette singulière Table qui signifie aussi *Fleur du Ciel*.

Pendant des siècles, la Table d'Émeraude a été la bible des alchimistes, hermétistes, gnostiques et rosicruciens, ainsi que de quelques obédiences maçonniques. Nous reproduisons ci-après le texte de ce monument initiatique et ésotérique :

LA TABLE D'ÉMERAUDE :

Il est vrai, sans mensonge, certain et très véritable ;

Ce qui est en bas est comme ce qui est en haut, et ce qui est en haut comme ce qui est en bas ; par ces choses se font les miracles d'une seule chose. Et comme

toutes les choses sont et proviennent d'Un, par la médiation d'Un, ainsi toutes les choses sont nées de cette chose unique par adaptation.
Le soleil en est le père, et la lune la mère. Le vent l'a porté dans son ventre. La terre est sa nourrice et son réceptacle. Le Père de tout, le Thélème du monde universel est ici. Sa force ou puissance reste entière, si elle est convertie en terre. Tu sépareras la terre du feu, le subtil de l'épais, doucement, avec grande industrie. Il monte de la terre et descend du ciel, et reçoit la force des choses supérieures et des choses inférieures. Tu auras par ce moyen la gloire du monde, et toute obscurité s'enfuira de toi.
C'est la force, forte de toute force, car elle vaincra toute chose subtile et pénétrera toute chose solide. Ainsi, le monde a été créé. De cela sortiront d'admirables adaptations, desquelles le moyen est ici donné.
C'est pourquoi j'ai été appelé Hermès Trismégiste, ayant les trois parties de la philosophie universelle. Ce que j'ai dit de l'Œuvre solaire est complet.

TABLEAU DE LOGE

Tapis ou tableau étendu, ou tracé, au milieu de l'atelier, le tableau de Loge présente les outils symboliques utilisés lors de la tenue suivant le degré où elle travaille. Selon les Rites utilisés et les obédiences, le tableau de Loge est présent de manière permanente dans toutes les Loges d'apprentis et à chacune des tenues des autres degrés.

Thème simple et complexe, chacun le voit et peut en tirer l'enseignement qui lui est profitable. Dans le tableau de Loge, tout est symbole, soit dans les figures exposées, soit dans leur organisation et leur disposition. Bien qu'il semble inerte et passif, simplement déroulé au milieu d'une assemblée de Francs-Maçons, le tableau de Loge possède une indéniable présence.

Temple symbolisé, le tableau montre, au grade d'apprenti, les deux colonnes J et B, trois marches conduisant au pavé mosaïque, deux grenades, une pierre brute et une pierre cubique, le soleil et la lune, une corde comportant trois nœuds, et les outils qu'utilisent les Francs-Maçons, équerre, compas, niveau, maillet et ciseau.

Ces présentation et disposition peuvent être différentes selon les obédiences et les rituels observés.

Au grade de compagnon, le tableau ne diffère que sur le nombre de nœuds de la corde, cinq au lieu de trois, des sphères au lieu de grenades, tandis qu'à la place de la pierre brute sont placés la règle et le levier. L'étoile à cinq branches et la lettre G sont les ajouts majeurs de ce tableau du second degré.

Au grade de maître, le tableau comporte essentiellement un cercueil (celui d'Hiram) disposé la tête à l'Ouest, recouvert d'un drap noir marqué de la croix latine.

Tableau de Loge au grade d'apprenti.

Tableau de Loge au grade de Compagnon.

Tableau de Loge au grade de Maître

Sur le cercueil sont placés le compas sur l'équerre (aux pieds), un rameau d'acacia (au cœur), la lettre G au centre d'un triangle (à la tête), tandis que six crânes humains sont posés trois par trois autour de l'ensemble, ce qui, en tenant compte du gisant, totalise sept crânes pour ce tableau.

TABLIER

Insigne commun à tous les Frères, le tablier symbolise le travail et constitue la marque principale des Francs-Maçons de tous les grades.
L'apprenti encore novice porte un tablier de peau blanche dont la bavette triangulaire est relevée, le compagnon plus aguerri porte le même tablier mais en abaissant la bavette, tandis que le maître arbore un tablier qui le protège tout en montrant à tous la maîtrise qu'il possède de son art, ainsi que son appartenance maçonnique (les marques et la couleur de son obédience). Généralement, le tablier de maître est rouge au Rite Écossais et bleu au Rite Français.
Symboliquement, le tablier maçonnique montre que la vie initiatique est une œuvre à accomplir, que la recherche de la vérité est un labeur, c'est pourquoi l'exhortation *Gloire au Travail* est une des phrases clés de la Franc-Maçonnerie. Un *Maçon sans tablier* est une personne qui, bien que non initiée, a un comportement et une philosophie proches de ceux de Francs-Maçons authentiques.

TALLEYRAND DE PERIGORD CHARLES-MAURICE prince de BÉNÉVENT

(1774-1838) Évêque puis révolutionnaire, Talleyrand servit plusieurs régimes politiques avec talent et cynisme, et fut maintes fois ministre des Affaires étrangères. Il se comporta avec la Franc-Maçonnerie comme il se comporta avec l'Église, ne fréquentant pas plus sa Loge que sa cathédrale. On racontait qu'il n'avait pas dit plus de sept messes dans sa vie.

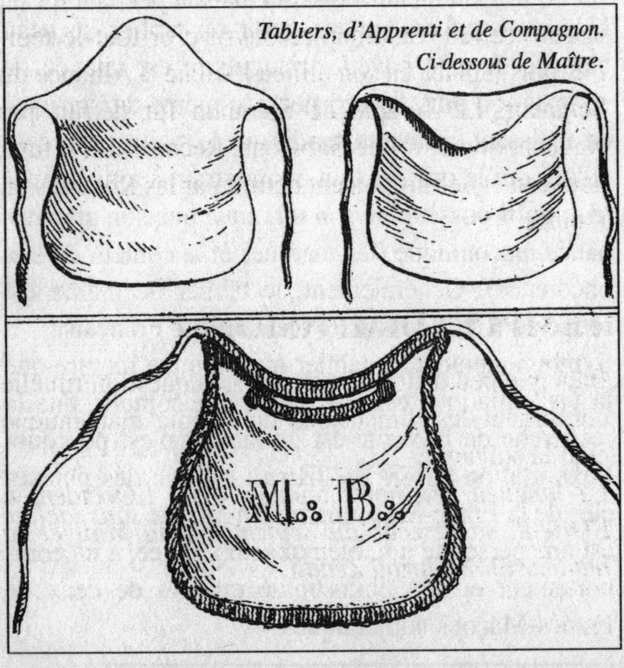

Tabliers, d'Apprenti et de Compagnon.
Ci-dessous de Maître.

TEMPLE

Synonyme de Loge, désigne aussi bien le local maçonnique que le lieu symbolique dans lequel se réunissent les Francs-Maçons. Retiré du monde profane, il faut que le temple soit Clos et Couvert. Le temple maçonnique se réfère à la symbolique du Temple de Salomon, construit entre –967 et –961, ainsi qu'à la vie et à la mort d'un de ses constructeurs, Maître Hiram, le fondeur de bronze de Tyr.
On bâtit le temple de pierres parfaitement taillées afin que ni marteau, ni hache, ni aucun instrument de fer ne soient entendus dans la maison pendant qu'on la construisait. Salomon recouvrit d'or tout le temple, puis il plaça en son milieu l'Arche d'Alliance du Seigneur. Le Temple de Salomon fut détruit par Nabuchodonor, roi de Babylone. Reconstruit, il fut à nouveau et définitivement détruit par les Romains en l'année 70.

TEMPLE (DIMENSIONS)

Bien que peu usitée de nos jours, la question rituelle concernant les dimensions du temple maçonnique était la suivante :
La longueur de notre temple va de l'Occident à l'Orient, sa largeur du Septentrion au Midi et sa hauteur du Nadir au Zénith.

TEMPLIERS

Religieux et militaire à la fois, l'Ordre des Templiers naquit lors de la deuxième croisade. Il fut créé par neuf chevaliers, le 27 décembre 1118 à Jérusalem.
L'ordre s'accrut très rapidement et bientôt les Chevaliers du Temple constituèrent une véritable et puissante armée.
Malgré cela, ils finirent par succomber sous le nombre et quittèrent le Proche-Orient pour se replier en Europe, notamment en France, où ils s'étaient transformés en bâtisseurs et en propriétaires terriens. Parce qu'ils avaient fait vœu de pauvreté et parce que la puissance de leur armée les garantissait des brigandages, ils étaient devenus les banquiers de l'Europe et n'obéissant qu'au pape, pouvaient tenir tête aux princes. Les Templiers tracèrent des routes, construisirent des ponts, dressèrent des places fortes et établirent des fermes et commanderies dans tous les royaumes d'Europe.
Ces travaux employèrent un grand nombre de compagnons pour édifier ces ouvrages. Ces ouvriers ainsi enrôlés, maçons, charpentiers, tailleurs de pierre étaient francs, c'est-à-dire libres, lorsqu'ils décidaient d'observer les règlements templiers.
Ce qui explique leur zèle, car la différence entre serf et franc était considérable. Ainsi s'organisèrent des compagnies ouvrières et compagnonniques qui édictèrent leurs règles et leurs signes tels que nous les connaissons encore aujourd'hui.

Philippe le Bel, pour s'emparer du trésor et des biens du Temple, fit le procès des Templiers, en les accusant des pires crimes. Le pape ne sut lui résister, et le Grand Maître Jacques de Molay fut brûlé à Paris en 1304, avec quelques-uns de ses pairs.
Mais la Connaissance et l'enseignement qu'avaient développés les Chevaliers du Temple perdura. On en trouve encore la trace dans les symboles et les rituels de la Maçonnerie contemporaine. Des degrés des grades supérieurs font allusion aux Templiers.

Sceau templier, où le personnage double (fréquent sur les sceaux templiers) tient une équerre et un compas.

TENUE

Réunion rituelle des Francs-Maçons, la Tenue a lieu généralement deux fois par mois et se tient dans le temple, ou Loge ou Atelier, préparé à cet effet.
La tenue est appelée *blanche*, lorsqu'elle est organisée par plusieurs Loges. Elle devient une *tenue blanche fermée* lorsqu'elle réunit des Frères (sans décors apparents) mais que l'orateur n'est pas initié. Elle s'appelle *tenue blanche ouverte* lorsqu'elle regroupe des Francs-Maçons (sans décors apparents) et des profanes. Une *tenue funèbre* est pratiquée lorsque les Frères d'un atelier se réunissent pour un adieu rituel à l'un des leurs qui vient de passer à l'Orient éternel.

TERNAIRE, TRIADES

L'essentiel de la symbolique maçonnique fonctionne sur le mode ternaire, qu'il s'agisse des grades ou des objets rituels. Bien que considéré comme émanant du christianisme, ce symbolisme découle en réalité de très anciennes pratiques religieuses dont l'origine est à rechercher dans l'Égypte des pharaons, dont les prêtres honoraient la triade divine formée par Osiris, Isis et Horus.
À leur suite, la Grèce rendit hommage aux grands dieux de l'Olympe que Zeus dirigeait, que Trois dieux gouvernaient (Zeus, Poséidon et Hadès) tandis que Sept dieux faisaient régner ensemble justice et

équilibre, sur la terre et dans le ciel, très loin au-dessus des nuages. Il en fut de même pour Rome qui adorait une Triade composée de Jupiter, Minerve et Junon, dite aussi la Triade Capitoline ou Trinité du Capitole, qui protégeait Rome depuis le sommet planté de chênes du Capitole.

Comme pour l'Olympe, Triade Capitoline garantissait la stabilité de l'État romain et son unité, religieuse et sociale. Les Nordiques attribuaient pareillement à une triade divine l'organisation du monde, il s'agissait d'Odin, de Vili et de Vé, qui créèrent et sculptèrent un homme et une femme à partir de deux troncs d'arbres.

Odin leur donna le souffle et la vie, Vili l'intelligence et le mouvement, et Vé la parole, l'ouïe, la vue et l'apparence. L'individu était lui-même une triade composée de *hugr, hamr* et *fylgia,* correspondant, au plan physique, à la conscience et au plan spirituel.

Il en était ainsi pour les Celtes et les trois aspects (fils) d'Ogma. Ce fonctionnement des divinités masculines ne doit pas faire oublier que l'ensemble des déesses était fondé sur le principe trinitaire, c'est pourquoi la Déesse Mère était surnommée généralement la Triple Déesse.

Chez les Grecs, cette divinité universelle était manifestée par Artémis (l'aspect jeune de la déesse), Aphrodite (l'aspect adulte de la déesse) et Hécate (l'aspect ancien et âgé de la déesse). L'une protégeait l'enfance et les parturientes, l'autre la procréation et

la troisième le retour à l'universel, la mort et les cycles de vie (réincarnation), que l'on pouvait voir aussi sous les noms de Coré (le blé en herbe), Déméter puis Cérès (le blé mûr et les moissons) et Perséphone (retour à la terre et mort apparente).
Longtemps avant les dieux, prêtres et maîtres masculins, ces triades féminines furent des divinités initiatrices.
Dans les Loges maçonniques, hormis le triangle lumineux (delta), les triades sont nombreuses, telles les trois Lumières de l'atelier, les trois piliers, les trois chandelles, les trois marches menant à l'Orient, les trois points, les trois ans de l'apprenti, les trois voyages, les trois compagnons assassins d'Hiram, les trois maillets, les trois degrés des Loges bleues, et quelques autres qui tous montrent que le fonctionnement humain, physique et symbolique se fonde toujours sur trois plans avant de s'organiser et de s'incarner dans l'individu et la société.

TERRE

Substance universelle, ou *Materia Prima* pour les alchimistes, la terre symbolise la fonction créatrice maternelle, souvent assimilée à la Grande et Triple Déesse. Elle se nommait Gaïa pour les Grecs, Frigg pour les Nordiques, tandis que les Celtes voyaient la Terre comme un être vivant en perpétuelle mutation. La terre est le lieu de toutes les expérimentations, de

tous les parcours initiatiques, c'est pourquoi l'élément terre symbolise aussi bien la fécondité que la régénération, l'amour physique que le lieu de transformation spirituelle.
Les enterrements symboliques sont des simulacres des multiples morts qu'impose tout processus d'initiation, tels ceux que proposent les Rites maçonniques invitant l'individu à s'élever progressivement et symboliquement de degré en degré.
Dans un atelier, l'élément terre est matérialisé par le cabinet de réflexion et, peut-être, par le Temple maçonnique lui-même.

TESTAMENT PHILOSOPHIQUE

Dernière tâche effectuée par un profane avant son initiation, considérée comme une mort à un ancien mode de vie, de comportement et de conscience.
Le récipiendaire doit répondre à quelques questions concernant ses obligations envers lui-même, et ses devoirs envers sa patrie et la société humaine.
Au Rite Écossais, s'ajoutent aussi les devoirs envers Dieu. Après l'initiation, le Testament Philosophique est brûlé devant le nouveau Frère qui en conserve les cendres dans une symbolique lui montrant qu'il a brûlé ce qu'il avait adoré, et doit désormais entamer une vie nouvelle.

THEISME

Attitude religieuse et philosophique qui admet l'existence d'un dieu (créateur ou non) pouvant intervenir dans les affaires humaines, récompensant ou punissant les hommes après leur mort.

TITRE DISTINCTIF

Chaque Loge possède un titre distinctif, un nom, mais aussi un numéro (dans certaines obédiences seulement). Un Frère visiteur se rendant en visite dans un atelier énoncera ses qualités mais aussi les titres de sa Loge, de la manière suivante : *Progrès et Symbolisme, Numéro 774, à l'Orient de Montauban.*

TOLÉRANCE

Plus qu'une qualité, la tolérance est une vertu primordiale pour les Francs-Maçons. C'est grâce à elle que les Frères espèrent unifier la société dans un monde de concorde et de paix.
Dans l'*Encyclopédie*, Diderot précise : *L'homme, si grand dans son intelligence, est en même temps si borné par ses erreurs et ses passions qu'on ne saurait trop lui inspirer pour les autres cette tolérance et ce support dont il a tant besoin pour lui-même.*

TRAVAIL OPERATIF

Le travail opératif est une réalisation physique, une œuvre (*opus* en latin), imaginée et conçue suivant certaines règles apprises, par un ouvrier initié à un métier, tels ceux que pratiquaient les compagnons constructeurs de cathédrales. (Voir *compagnons*.)

TRAVAIL SPÉCULATIF

Se dit de l'étude philosophique, intellectuelle, initiatique et spirituelle à laquelle se livrent les Francs-Maçons dans leurs ateliers ou Loges. Par travaux d'une Loge, on entend les différents actes, rituels et pratiques qui se déroulent pendant une tenue maçonnique. Comme le travail physique et manuel, le travail spéculatif vise la perfection dans le domaine philosophique et spirituel.

TRIANGLE

Le triangle, image de l'harmonie, symbolise la divinité dans sa totalité. C'est pourquoi on remarque l'œil de Dieu, une étoile ou une lumière au milieu de cette figure géométrique, qui était aussi le dessin de la quatrième lettre grecque D (*delta*). Appelé *Delta lumineux* dans les Loges maçonniques, le triangle fait référence au principe solaire. Dans la pratique, un triangle est une association para-maçonnique réunissant des Frères pour une affaire profane commune. Un Triangle est aussi le prix à payer pour un repas fraternel, une excursion ou autre activité.

TRONC DE LA VEUVE

Bourse tenue par le Frère hospitalier à la fin des travaux et dans laquelle les Frères déposent discrètement leur obole. L'hospitalier comptabilise et réserve les sommes récoltées pour des œuvres sociales. L'origine du tronc de la veuve est parfois attribuée à la parabole évangélique racontant comment l'obole d'une pauvre veuve peut avoir plus de valeur que l'opulente offrande d'un riche (Marc, 12, v. 42-43). Ce tronc de la veuve peut aussi rappeler le tronc d'arbre dans lequel le corps d'Osiris fut enfermé après qu'il eut été assassiné par son frère Seth. En ce cas, la veuve Isis, dont tous les Francs-Maçons sont les fils, recevrait l'offrande des hommes pour régénérer le dieu.

TRÉSORIER

Officier de la Loge chargé de percevoir les cotisations annuelles et de régler les problèmes financiers. Son cordon d'officier est orné des deux clefs croisées de la serrure du coffre qui ne peut être ouvert, symboliquement, que par le trésorier ou le Vénérable Maître.

TRUELLE

La truelle, outil traditionnel des maçons opératifs qui leur sert à étaler le mortier, et à le lisser sur les joints, est, au Rite Français, l'un des outils du Compagnon (cinquième voyage). *La Truelle*, pour les Francs-Maçons, *est le symbole de l'amour fraternel qui doit unir tous les Maçons et qui est le seul ciment que les ouvriers peuvent employer pour l'édification du Temple* (Plantagenet, Causeries en Loge de Compagnons). *Passer la Truelle*, en langage maçonnique, signifie oublier les fautes, les injures ou les injustices, pardonner.

TUTOIEMENT

Le tutoiement, signe de fraternité, est d'usage entre les Frères, qu'ils soient ou non en Tenue (sauf, lorsque dans le monde profane, ils ne veulent pas donner l'éveil sur leurs liens maçonniques). Il n'est toutefois pas obligatoire.

TUILAGE

Interrogatoire auquel est soumis le Franc-Maçon visiteur désirant entrer dans le Temple. Ce sont le Couvreur et le Grand Expert qui pratiquent le tuilage, consistant en un échange de mots de passe, signes et attouchements du grade.

V

VÉNÉRABLE MAÎTRE

Première Lumière de la Loge, le Vénérable Maître la dirige et la représente lors des Convents, Congrès et autres activités de l'obédience. Sur son sautoir d'officier est brodée l'Équerre, emblème maçonnique symbolisant la sagesse.
Le Vénérable Maître est installé à l'Orient de la Loge, à la place attribuée à Jupiter dans la disposition planétaire, entre l'Orateur à sa droite et le Trésorier à sa gauche.
Président de la Loge, la charge de Vénérable Maître est la plus lourde et la plus importante, tant sur le plan symbolique que sur le plan de l'organisation et de la vie de la Loge. C'est le Vénérable Maître qui fait prêter serment au nouvel initié, c'est lui aussi qui intervient pour que les opinions contradictoires ne divisent jamais les Frères mais les rassemblent dans un même respect et une tolérance réciproque.

VEUVE (ENFANTS DE LA)

(Voir *Enfants de la veuve.*)

VISITEUR

On désigne ainsi le Maçon qui vient assister aux travaux d'une Loge autre que la sienne. Ces visites sont importantes dans la vie maçonnique car elles permettent de créer ou de resserrer des liens entre les différentes Loges ou différentes Obédiences.
Un visiteur apporte généralement le salut fraternel de sa Loge et peut participer aux travaux de celle qu'il visite, ce qui ne peut qu'enrichir la communauté dans son ensemble.

V.I.T.R.I.O.L.

Visita Interiora Terræ Rectificandoque Invenies Occultum Lapidem, c'est-à-dire *Visite l'intérieur de la terre et en rectifiant tu trouveras la pierre cachée (des sages).* Devise alchimiste, philosophique et spirituelle que l'on retrouve inscrite sur le mur du cabinet de réflexion.

V.I.T.R.I.O.L
VIGILANCE
PERSÉVÉRANCE

VOLTAIRE FRANÇOIS-MARIE AROUET dit,

(1694-1778) Écrivain et philosophe français. Maçon sans tablier toute sa vie, il fut initié dans la *Loge des Neuf Sœurs*, trois semaines avant sa mort. Philanthrope affichant ses idéaux humanistes, inspirés par la liberté, il fut le défenseur de Calas, injustement accusé d'un crime. Dans ce procès, Voltaire, comme plus tard Zola avec l'affaire Dreyfus, n'hésita pas à défendre une cause perdue, courant ainsi lui-même de grands risques. Voltaire critiqua souvent les Francs-Maçons, notamment l'abbé Fréron, dont il moquait l'ostentation et le goût du secret.

VOTE

Toutes les décisions de l'Atelier sont soumises au vote des Maîtres, soit à bulletin secret (pour les élections d'officiers ou les décisions importantes) soit à main levée. Seuls les Maçons à jour dans leurs capitations peuvent participer au vote.

VOÛTE D'ACIER

Honneur rendu à un dignitaire de l'Ordre Maçonnique. Lorsqu'il traverse la Loge, chacun des Frères du premier rang, bras tendu, tient une épée au-dessus de sa tête, formant ainsi une voûte d'acier.

VOUTE ETOILEE

Plafond du Temple. À l'instar des temples de l'Antiquité et des églises, la voûte étoilée est souvent peinte en bleue, avec des étoiles dorées.
La Voûte étoilée doit inciter à la méditation et à la sérénité.

VOYAGES INITIATIQUES

Le voyage terrestre et la mort figurée sont parmi les plus anciens éléments initiatiques. Représentant, sur un mode symbolique, le parcours spirituel que devaient effectuer aussi bien les défunts Égyptiens que les héros grecs, puis les chevaliers arthuriens, le voyage fait partie des rites initiatiques depuis l'Antiquité. Il n'est donc pas étonnant d'en retrouver l'usage dans la Maçonnerie actuelle.
Pendant l'initiation d'un profane, trois voyages sont simulés afin de lui faire symboliquement ressentir les trois types d'expérience qu'il aura à affronter dans son chemin de Franc-Maçon.
Pendant ces trois voyages, le profane retrouve les éléments symboliques qui étaient présents dans le cabinet de réflexion qu'il vient de quitter.
Les quatre éléments de la matière, les principes de vie et de mort, à quoi s'ajoutent le tumulte de la vie puis la paix et la sérénité que le terme des voyages apporte enfin à l'initié devenu maître de ses senti-

ments, de ses émotions et de ses énergies. On observe que ces trois voyages font suite à un parcours ayant mené le profane du cabinet de réflexion au temple lui-même. Ainsi est-il sorti de terre, avant d'expérimenter les trois purifications données par l'air, par l'eau et par le feu.

L'apprenti élevé au grade de compagnon accomplit quant à lui cinq voyages qui lui permettent de découvrir la valeur physique et symbolique des outils dont il aura à se servir dans son expérience et son travail. Il s'agit pour le premier voyage du Maillet et du Ciseau, pour le second voyage de l'Équerre du Compas, pour le troisième voyage de la Règle et du Levier, pour le quatrième voyage du Niveau, pour le cinquième voyage de la Truelle, pour le Rite Français, car le Rite Écossais répartit les outils pendant les quatre premiers voyages.

W

WASHINGTON GEORGE

(1732-1799) Héros de l'Indépendance américaine et premier Président des États-Unis.
Issu d'un milieu aisé, il s'opposa aux Anglais qu'il ne cessa de combattre pour obtenir l'indépendance de son pays.
L'arrivée du corps expéditionnaire de Rochambeau, composé de soldats français, lui permit d'arriver à ses fins puis de signer en 1787 la constitution des États-Unis d'Amérique, dont il fut deux fois président.

WAYNE JOHN

(1907-1979) Acteur et star hollywoodienne dont la silhouette illustra principalement des personnages de Western.

WELLINGTON

(1769-1852) Général anglais et homme politique et militaire. Député de Grande-Bretagne en 1806, il fut envoyé en 1808 au Portugal combattre Junot et les armées françaises.
Vainqueur de la guerre d'Espagne, il repoussa les soldats de Napoléon hors de la Péninsule ibérique. En 1815, il fut l'artisan de la défaite de Waterloo. Il était surnommé le Duc de Fer.

WILDE OSCAR

(1856-1900) Écrivain anglo-irlandais. Fils d'une bonne famille irlandaise, il peignit avec vigueur et réalisme les mœurs de l'aristocratie anglaise. Condamné à deux ans de prison pour homosexualité, il s'exila en France où il mourut pendant l'année 1900.

Z

ZÉNITH

Le Zénith constitue l'apothéose d'un cycle, le point le plus lumineux et le plus élevé avant l'inévitable déclinaison. Le Zénith est l'opposé du Nadir, lequel est le point le plus profond de la chute, ou de la nuit, que l'on puisse atteindre. Zénith et Nadir sont poétiquement symbolisés par les deux saints Jean, placés l'un et l'autre au solstice d'hiver (équivalent au Nadir).

ZODIAQUE

Cercle symbolique formé de douze constellations entourant la Terre. Dans l'iconographie chrétienne comme dans la Franc-Maçonnerie, le zodiaque représente les cycles du ciel se déroulant en analogie avec les travaux réalisés sur la Terre, et dans le cœur des hommes. Les douze signes zodiacaux sont parfois inscrits sur les murs des Loges, chacun étant le

domicile d'une divinité ou d'une énergie particulière, que les officiers manifestent à la place qu'ils occupent.
C'est ainsi que le signe du Bélier est lié à Mars et au Premier Surveillant, le signe du Taureau à Vénus et au second Surveillant, celui des Gémeaux à Mercure et au Maître des Cérémonies, le signe du Cancer à la Lune et au Secrétaire, le signe du Lion au Soleil et à l'Orateur, le signe de la Vierge à Mercure et au Trésorier, le signe de la Balance à Vénus et à l'Hospitalier, le signe du Scorpion à Mars et au Couvreur, le signe du Sagittaire à Jupiter et au Vénérable Maître, les signes du Capricorne et du Verseau à Saturne, au Grand Expert et au rituel du temple, et le signe des Poissons à Jupiter et à l'assemblée de tous les Frères.
Loin d'être un concept dépassé par le savoir moderne, le symbolisme du zodiaque illustre les différentes énergies qui structurent la matière, le corps humain, le fonctionnement d'un groupe, y compris l'atelier maçonnique et l'ensemble de notre système solaire, suivant le précepte que *ce qui est en bas est comme ce qui est en haut.*

BIBLIOGRAPHIE

❖ *Jules Boucher* : LA SYMBOLIQUE MAÇONNIQUE, Éditions Dervy

❖ *Francine Gugliero* : L'INITIATION FÉMININE, Éditions Friant

❖ *Serge Hutin* : LES FRANCS-MAÇONS, Éditions du Seuil

❖ *Christian Jacq* : LE MESSAGE DES CONSTRUCTEURS DE CATHÉDRALES, Éditions J'ai Lu

❖ *Paul Naudon* : LES ORIGINES DE LA FRANC-MAÇONNERIE, Éditions Dervy

❖ *Robert-Jacques Thibaud* :

— DICTIONNAIRE DE L'ART ROMAN, Éditions Dervy

— PERCEVAL, Éditions Dervy.

❖ LE TUILEUR DE VUILLAUME (1830)

❖ *E.J. Chappron :* NÉCESSAIRE MAÇONNIQUE, Éditions Dervy (réédition d'un ouvrage du XIXe siècle)

❖ *Oswald Wirth* : LA FRANC-MAÇONNERIE RENDUE INTELLIGIBLE À SES ADEPTES
I L'Apprenti
II Le Compagnon
III Le Maître

TABLE DES MATIÈRES

Impression réalisée sur Presse Offset par

BRODARD & TAUPIN

GROUPE CPI

Imprimé en France
La Flèche (Sarthe),
Dépôt légal : janvier 2004
N° d'impression : 21792
ISBN : 2-84690-129-5